FICHES À CONCOURS®

Collection dirigée par Franck ATTELAN

Concours ACCÈS 50 FICHES méthodes, savoir-faire et astuces

Testées et approuvées par des milliers de candidats

10e ÉDITION

Franck ATTELAN
Essec Business School, Directeur du Groupe Aurlom

Nicholas CHICHEPORTICHE
Sciences Po Bordeaux, Université Paris IV Sorbonne, Professeur à la Prépa Aurlom

Françoise MONTERO
Formatrice spécialisée en épreuves de synthèse

Olivier SARFATI
HEC Paris, Fondateur de MyPrepa.fr

SOMMAIRE

Le concours ACCÈS

1. Écoles du concours

Le concours ACCÈS est un concours post-bac qui regroupe trois écoles :

- ESDES
- ESSCA
- IESEG

2. Les épreuves écrites

Les épreuves écrites sont communes à toutes les écoles.

- Synthèse : 3 h
- Raisonnement logique et mathématiques : 2 h
- Anglais : 1 h

3. Les épreuves orales

Les épreuves orales sont spécifiques à chaque école.

École	Entretien	Anglais
ESDES	30 minutes	15 minutes
ESSCA	90 minutes	20 minutes
IESEG	45 minutes	30 minutes

4. Tableau des coefficients

École	ESDES	ESSCA	IESEG
Anglais	7	5	4
Synthèse	7	6	7
Raisonnement logique et mathématiques	6	9	9
Épreuves orales	– Entretien individuel (coef. 7) – Anglais (coef. 3)	– Entretiens (coef. 7) – Anglais (coef. 3)	– Entretien individuel (coef. 7) – Anglais (coef. 3)

1 RAISONNEMENT LOGIQUE ET MATHÉMATIQUES

PRÉSENTATION DE L'ÉPREUVE (2 heures)

L'objectif de l'épreuve « Raisonnement logique et Mathématiques » est d'évaluer l'aptitude des candidats à utiliser les concepts et outils mathématiques enseignés durant leurs études secondaires. Un accent particulier est mis sur l'application de ces notions à des contextes proches de la vie courante ou de la vie des entreprises. Le candidat devra démontrer sa capacité à modéliser les problèmes de manière à leurs apporter une solution grâce aux outils de logique, d'arithmétique ou de géométrie.

L'épreuve se décompose en 3 parties de 5 questions chacune.

▶ 1re partie : raisonnement logique

Le candidat mettra en œuvre des outils simples et adaptés à la résolution des exercices proposés.

Il devra faire preuve d'adaptation rapide d'une question à l'autre, les questions étant indépendantes.

▶ 2e partie : raisonnement mathématique

Dans cette partie plus classique, le candidat devra démontrer sa maîtrise des outils faisant partie du programme de mathématiques des filières générales du baccalauréat. Les questions y sont également indépendantes.

▶ 3e partie : problème mathématique

Dans cette partie, les questions peuvent être dépendantes. Le candidat pourra donc exploiter les résultats obtenus précédemment pour répondre aux questions suivantes.

1 Mathématiques

Mémento de logique

1. Vocabulaire

Soit P et Q deux propositions.

- « Si P est vraie alors Q est vraie » s'écrit « $P \Rightarrow Q$ ».
- « P est vraie si et seulement si Q est vraie » signifie « $P \Rightarrow Q$ » et « $Q \Rightarrow P$ » et s'écrit « $P \Leftrightarrow Q$ ». On dit aussi P équivalent à Q.
- « P et Q sont vraies » s'écrit « $P \wedge Q$ ».
- « P est vraie ou Q est vraie » s'écrit « $P \vee Q$ » et signifie « P est vraie ou Q est vraie ou P et Q sont tous les deux vraies » : on parle de « ou non exclusif ».
- La contraposée d'une proposition P se note $\overline{P}$ et représente le contraire de la proposition. Exemple : « J'ai chaud » a pour contraposée « Je n'ai pas chaud » (et non pas « j'ai froid »…)

2. Règles logiques

La contraposée de « $P \Rightarrow Q$ » est « $\overline{Q} \Rightarrow \overline{P}$ ».

Exemple : « Si j'ai gagné au loto alors je suis riche » a pour contraposée « si je ne suis pas riche alors je n'ai pas gagné au loto » (et non pas « si je n'ai pas gagné au loto alors je ne suis pas riche »)
Propriété : « $P \Rightarrow Q$ » est équivalent à « $\overline{Q} \Rightarrow \overline{P}$ ».

Lois de Morgan :

- $\overline{P \vee Q} = \overline{P} \wedge \overline{Q}$
- $\overline{P \wedge Q} = \overline{P} \vee \overline{Q}$

Transitivité : Si « $P \Rightarrow Q$ » et « $Q \Rightarrow R$ » alors « $P \Rightarrow R$ ».

Démonstration par l'absurde : pour montrer qu'une proposition P est vraie, on la suppose fausse et on montre par déductions successives qu'on aboutit à une contradiction (ou absurdité). Ainsi P est vraie.

2 Mathématiques

Généralités sur les fonctions et limites de fonctions

1. Variation, opérations et extremums

- f croissante si $x \leq y \Rightarrow f(x) \leq f(y)$
- f décroissante si $x \leq y \Rightarrow f(x) \geq f(y)$
- c maximum de f si $f(x) \leq f(c)$
- d minimum de f si $f(d) \leq f(x)$

Si f et g ont les mêmes sens de variation alors $f + g$ aussi.

$k > 0$: f et kf ont les mêmes sens de variation.

$k < 0$: f et kf ont des sens de variation opposés.

2. Théorème des valeurs intermédiaires

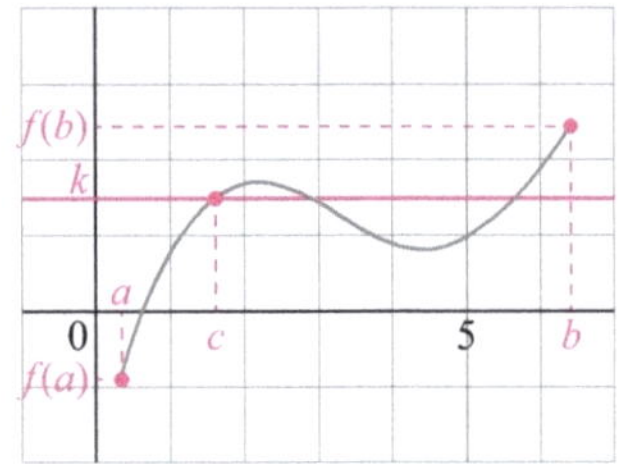

Théorème des valeurs intermédiaires :

f continue, a et b deux réels $\Rightarrow$ Pour tout k compris entre $f(a)$ et $f(b)$, il existe au moins un réel c tel que $f(c) = k$.

À quoi sert ce théorème ?

Prouver qu'une valeur est atteinte par la fonction f. Si f est monotone (strictement croissante ou décroissante) alors le réel c est unique !

3. Propriétés de l'exponentielle et logaritme

Exponentielle fonction strictement croissante

$e^{x+y} = e^x e^y$	$e^{-x} = \frac{1}{e^x}$	$(e^x)^n = e^{nx}$
$(e^x)' = e^x$	$e^0 = 1$ $e \approx 2{,}718$	$e^x > 0$

Logarithme fonction strictement croissante

$\ln(xy) = \ln(x) + \ln(y)$		$\ln\left(\frac{1}{x}\right) = -\ln(x)$
$\ln(x^n) = n.\ln(x)$	$\ln(x)' = \frac{1}{x}$	$\ln(1) = 0$

- Pour tout $x \in\ ]0\ ;+\infty[$, $e^{\ln(x)} = x$
- Pour tout $x \in \mathbb{R}$, $\ln(e^x) = x$

4. Trigonométrie – formules difficiles à retenir

$\cos(a-b) = \cos a \cos b + \sin a \sin b$	$\cos(a+b) = \cos a \cos b - \sin a \sin b$
$\sin(a-b) = \sin a \cos b - \cos a \sin b$	$\sin(a+b) = \cos a \sin b - \sin a \cos b$
$\cos x^2 + \sin x^2 = 1$	$\cos\left(x + \frac{\pi}{2}\right) = \sin x$
$\cos x = \cos -x$	$-\sin x = \sin -x$
$\cos x^2 = \frac{1 + \cos 2x}{2}$	$\sin x^2 = \frac{1 - \cos 2x}{2}$
$\cos 2x = 2 \cos x^2 - 1$	$\sin 2x = 2 \sin x \cos x$

5. Informations complémentaires

- **Fonctions paires :** $f(x) = f(-x)$
- **Fonctions impaires :** $-f(x) = f(-x)$
- **Fonctions périodiques :** $f(x + T) = f(x)$

6. Présentation des différentes situations face à une limite

On considère α un réel ou $\pm\infty$.

L et L' sont non nuls.

Si...										
$\lim\limits_{x\to\alpha} f(x) =$	L	$L<0$	$L>0$	$+\infty$	$-\infty$	$+\infty$	$+\infty$	0^+	$-\infty$	0
$\lim\limits_{x\to\alpha} g(x) =$	L'	$+\infty$	$-\infty$	$+\infty$	$-\infty$	$+\infty$	$-\infty$	$+\infty$	0^+	0
...Alors										
$\lim\limits_{x\to\alpha} (f+g)(x) =$	L+L'	$+\infty$	$-\infty$	$+\infty$	$-\infty$	$+\infty$	?	$+\infty$	$-\infty$	0
$\lim\limits_{x\to\alpha} (fg)(x) =$	L.L'	$-\infty$	$-\infty$	$+\infty$	$+\infty$	$+\infty$	?	?	?	0
$\lim\limits_{x\to\alpha} \left(\frac{f}{g}\right)(x) =$	$\frac{L}{L'}$	0	$-\infty$	?	?	?	?	0	$-\infty$	?

Les points d'interrogations correspondent à des **formes indéterminées** : on ne peut pas connaître le résultat (il faut modifier la forme des expressions pour se ramener à une situation qu'on maîtrise).

7. Théorèmes et limites à connaître

Théorème d'encadrement :

Si $a(x) \leq f(x) \leq b(x)$ et $\lim\limits_{x\to\alpha} a(x) = \lim\limits_{x\to\alpha} b(x) = L$, alors $\lim\limits_{x\to\alpha} f(x) = L$

Théorème de comparaison :

Si $f(x) \leq g(x)$, $\lim\limits_{x\to\alpha} f(x) = L$ et $\lim\limits_{x\to\alpha} g(x) = L'$, alors $L \leq L'$

Limites usuelles :

$$\lim_{x\to-\infty} x^n e^x = 0 \qquad \lim_{x\to+\infty} \frac{e^x}{x^n} = +\infty \qquad \lim_{x\to 0^+} x^n \ln(x) = 0 \qquad \lim_{x\to+\infty} \frac{\ln(x)}{x^n} = 0$$

8. Asymptotes

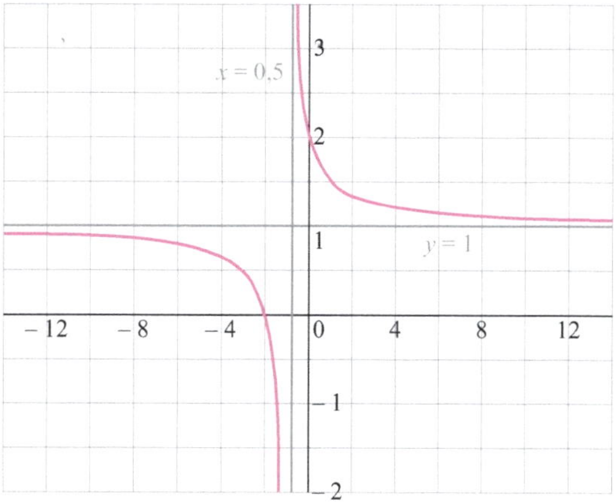

- C_f a une **asymptote horizontale** $y = L$ en ∞ si $\lim\limits_{x\to\infty} f(x) = L$ (en $+\infty$ ou $-\infty$)
- C_f a une **asymptote verticale** $x = l$ en a si $\lim\limits_{x\to a} f(x) = \pm\infty$

9. Que faire face à une forme indéterminée ?

- *En cas de quotient :* factoriser par le terme de plus haut degré (celui qui impose la limite !) au numérateur et dénominateur pour les simplifier.
- *En cas de produit :* chercher à développer l'expression au maximum !
- *Dans les autres cas :* utiliser les limites usuelles pour se ramener à une situation connue, ou utiliser les théorèmes d'encadrement (majoration – minoration) par une fonction dont la limite est connue. Parfois, la fonction est un **taux d'accroissement** caché (fonctions trigonométriques, exponentielles ou logarithmes !), donc la limite en a n'est que la dérivée de la fonction en a !

  Exemples :

$$\lim_{x\to+\infty} \frac{4x^3+2x-2}{7x^2-2x-1} = \lim_{x\to+\infty} \frac{x^3\left(4+2\frac{1}{x^2}-2\frac{1}{x^3}\right)}{x^2\left(7-\frac{2}{x}-\frac{1}{x^2}\right)} = \lim_{x\to+\infty} \frac{4}{7}x = +\infty$$

$$\lim_{x\to+\infty} \frac{e^x-1}{x} = (e^x)'(0) = 1$$

3 Mathématiques

Dérivation

1. Dérivation en un point et tangente

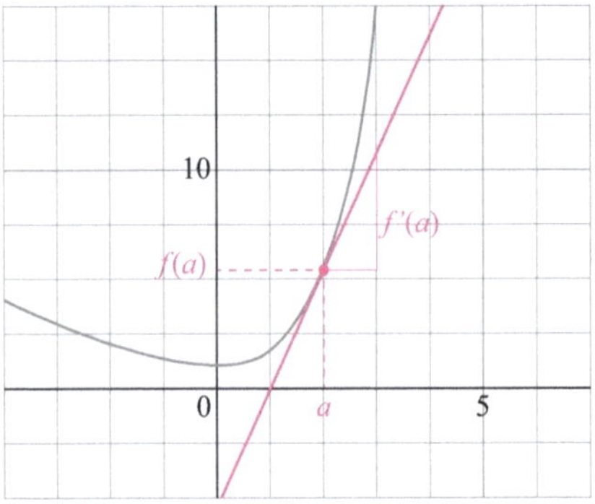

▶ Dérivée en un point : limite du taux d'accroissement en a :

$$f'(a) = \lim_{h\to 0} \frac{f(a+h)-f(a)}{h} = \lim_{x\to a} \frac{f(x)-f(a)}{x-a}$$

▶ Équation de la tangente au point d'abscisse $x = a$:

$T_a : y = f'(a) \times (x-a) + f(a)$

2. Les dérivés à retenir absolument

f	f'
$\sqrt{u}$	$\frac{u'}{2\sqrt{u}}$
e^u	$u'e^u$
$\ln(u)$	$\frac{u'}{u}$
$\cos(x)$	$-\sin(x)$
$\sin(x)$	$\cos(x)$

3. Opérations classiques sur les dérivées

f	f'
$k.u$	$k.u'$
$u+v$	$u'+v'$
uv	$u'v+v'u$
$\frac{u}{v}$	$\frac{u'v-v'u}{v^2}$
$u(v(x))$	$v'(x)\times u'(v(x))$

4. À quoi servent les dérivées ?

- Connaître l'équation de la tangente en un point d'une courbe.

- Connaître la variation de la fonction f :
  - $f'(x) > 0 \Rightarrow f$ croissante
  - $f'(x) < 0 \Rightarrow f$ décroissante
  - $f'(x) = 0 \Rightarrow f$ constante

- Connaître les extremums d'une fonction :

  Si f' s'annule en changeant de signe en a, $f(a)$ est un extremum local de la fonction.

4 Mathématiques

Dénombrement, probabilités et statistiques

1. P-listes avec remise

Déterminez tous les nombres à trois chiffres, tels que ces chiffres soient tous compris entre 1 et 4 :

- E = {1, 2, 3, 4}

  Il y a donc 4 possibilités pour le premier tirage.

  De même pour les deux autres.

  Nous avons donc $4 \times 4 \times 4 = 64$ possibilités !

$$\textbf{Tirages} = n^p$$

2. Permutations

Une permutation est un tirage SANS remise. On l'appelle également anagramme.

- Lorsque tous les éléments sont différents, alors :

$$P = n! = n \times (n-1) \times (n-2) \times \ldots \times 2 \times 1$$

- Lorsque des éléments sont identiques, alors :

$$P = \frac{n!}{n_1! \times n_2! \times \ldots \times n_k!}$$

CHIEN : $P = 5! = 5 \times 4 \times 3 \times 2 \times 1 = 120$ anagrammes

CHIENNE : 2 N et 2 E $\rightarrow P = \frac{7 \times 6 \times 5 \times 4 \times 3 \times 2 \times 1}{2! \times 2!} = 1\,260$

ARRETER : 3 R et 2 E $\rightarrow P = \frac{7 \times 6 \times 5 \times 4 \times 3 \times 2 \times 1}{3! \times 2!} = 420$

3. Arrangements

Il s'agit d'une liste **sans répétition**, mais composée de ***p* éléments**, avec p inférieur ou égal à n. Les éléments de la liste sont distincts.

$$A_n^p = \frac{n!}{(n-p)!}$$
$$= n \times (n-1) \times (n-2) \times \ldots \times (n-p+1)$$

▶ Application : nombre de tiercés possibles **dans l'ordre**.

4. Combinaisons

Contrairement aux arrangements, l'ordre n'a ici plus d'importance. On appelle combinaison de p éléments de E_n un sous-ensemble de p éléments de E_n, distincts entre eux.

$$\binom{n}{p} = C_n^p = \frac{n!}{p!(n-p)!}$$

▶ Application :

On désire constituer un jury composé de 2 experts-comptables et 5 avocats. On peut choisir les membres du jury parmi 6 experts comptables et 7 avocats. De combien de façons peut-on constituer le jury en sachant que n'importe quel expert-comptable et n'importe quel avocat peut être choisi ?

A. 420 B. 380 C. 315 D. 210 E. 180

Il y a C_6^2 combinaisons de 2 experts-comptables pris parmi 6, puis pour chacune de ces combinaisons, C_7^5 combinaisons de 5 avocats pris parmi 7… soit : $C_6^2 \times C_7^5$ façons de constituer un jury composé de 2 experts-comptables et 5 avocats.

Ce qui donne : $\frac{6!}{2!4!} \times \frac{7!}{5!2!} = \frac{6 \times 5}{2} \times \frac{7 \times 6}{2} = 3 \times 5 \times 7 \times 3 = 15 \times 21 = 315$ combinaisons. **Réponse C.**

5. Modèles d'urnes

Imaginons une urne contenant n boules numérotées de 1 à n (chacune des boules s'interprète comme un élément de E_n) et supposons que nous tirons p boules dans cette urne. Voici les 3 modèles d'urnes les plus classiques :

Tirages successifs et avec remise

On tire au hasard une boule dans l'urne, puis on la remet dans l'urne avant d'opérer le tirage suivant. Si on effectue p tirages avec remise entre chaque tirage, le résultat global s'interprète comme une p-liste et il y a donc n^p tirages avec remise (de p éléments) possibles.

Tirages successifs et sans remise

On tire au hasard une boule dans l'urne que l'on conserve : la boule n'est donc pas remise dans l'urne qui contient ainsi après chaque tirage une boule de moins. Si on effectue ainsi p tirages sans remise (p inférieur ou égal à n), le résultat global s'interprète comme une p-liste d'éléments deux à deux distincts ou encore comme un arrangement de p éléments de E_n. Il y a donc A_n^p tirages sans remise (de p éléments) possibles.

Tirages simultanés

On tire simultanément p boules de l'urne (l'ordre de tirages des boules est donc sans importance). Un tel tirage s'interprète comme un sous-ensemble de E_n et donc comme une combinaison de p éléments de E_n. Il y a donc C_n^p tirages simultanés (de p éléments) possibles.

6. Notions essentielles

Conditionnement (A sachant B)	Événements A et B indépendants
$P_A(B) = \dfrac{P(A \cap B)}{P(A)}$	$P(A \cap B) = P(A) \times P(B)$

Union d'événements (A union B)	Probabilité $\overline{A}$ (« Non A »)
$P(A \cup B) = P(A) + P(B) - P(A \cap B)$	$P(\overline{A}) = 1 - P(A)$

On considère la loi définie par le tableau suivant :

x_i	x_1	x_2	...	x_n
$P(X = x_i)$	P_1	P_2	...	P_n

Espérance	Variance	Écart-type
$E(X) = \sum_{i=1}^{n} x_i p_i$	$V(X) = \sum_{i=1}^{n} p_i (x_i - E(X))^2$	$\sigma(X) = \sqrt{V(X)}$
$E(aX + b) = aE(X) + b$	$V(aX + b) = a^2 V(X)$	

Loi des probabilités totales :

Si l'univers Ω est décomposé en n événements E_n, alors :

$$P(A) = P(A \cap E_1) + P(A \cap E_2) + \ldots + P(A \cap E_n)$$

7. Loi de probabilités discrètes classiques

<table>
<tr><th>Loi de Bernoulli</th><th>Loi binomiale</th></tr>
<tr><td>Tableau de Bernoulli de paramètre p :
<table>
<tr><td>x_i</td><td>1</td><td>0</td></tr>
<tr><td>$P(X = x_i)$</td><td>p</td><td>$1 - p$</td></tr>
</table>
</td><td>Loi binomiale $B(n, p)$
$\Leftrightarrow$ Loi de Bernoulli de paramètre p répétée n fois :
$P(X = k) = \binom{n}{k} p^k (1 - p)^{n-k}$</td></tr>
<tr><td>$E(X) = p$</td><td>$E(X) = n \times p$</td></tr>
<tr><td>$V(X) = p(1 - p)$</td><td>$V(X) = n \times p \times (1 - p)$</td></tr>
</table>

5 Mathématiques

Géométrie

Vocabulaire à connaître

Le cercle

Le **cercle** est une courbe fermée constituée de points situés à égale distance ***r*** (nommé « **rayon** ») d'un point nommé « **centre** ». Il existe une infinité de cercles pour un même centre. La longueur **2*r*** est appelée « **diamètre du cercle** ». Un **arc de cercle** est la portion d'un cercle, définie par un angle ***a***.

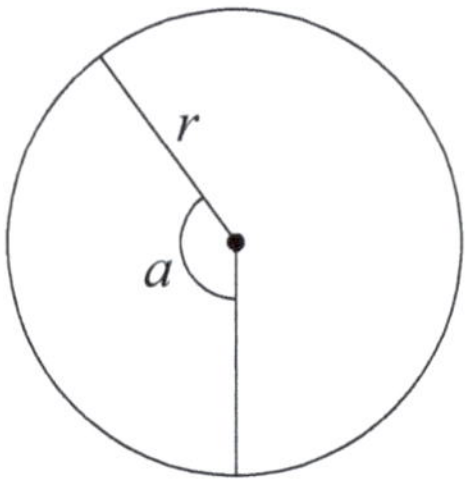

Le triangle

Le **triangle** est une figure à 3 côtés. La somme des 3 angles vaut 180°.

- **Triangle rectangle (1) :** triangle possédant un angle droit (90°). Le plus long côté est l'**hypoténuse**.
- **Triangle isocèle (2) :** triangle dont 2 côtés et 2 angles sont égaux.
- **Triangle équilatéral (3) :** triangle ayant 3 côtés et 3 angles égaux (60°).

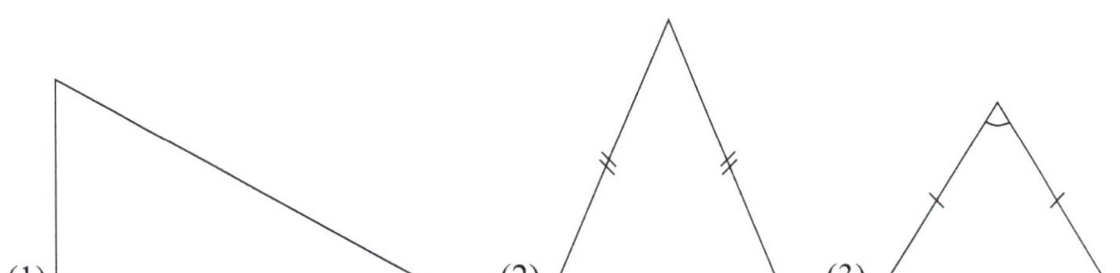

Le quadrilatère

Le **quadrilatère** est une figure à 4 côtés :

- **Trapèze (1) :** quadrilatère possédant 2 côtés opposés parallèles.
- **Parallélogramme (2) :** quadrilatère dont les côtés opposés sont parallèles deux à deux. Les diagonales du parallélogramme se coupent en leur milieu.
- **Losange (3) :** parallélogramme dont les diagonales sont perpendiculaires et se coupent en leur milieu.
- **Rectangle (4) :** quadrilatère possédant 4 angles droits (90°). Les diagonales du rectangle se coupent en leur milieu.
- **Carré (5) :** quadrilatère possédant 4 angles droits (90°) et 4 côtés égaux. Un carré est à la fois un rectangle et un losange.

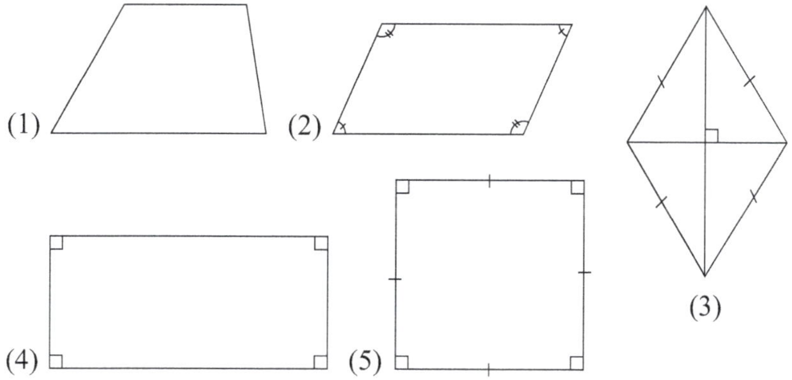

Autres figures

- **Pentagone :** figure à 5 côtés.
- **Pentagone régulier (1) :** pentagone possédant 5 côtés égaux.
- **Hexagone :** figure à 6 côtés.
- **Hexagone régulier (2) :** hexagone possédant 6 côtés égaux.
- **Heptagone :** figure à 7 côtés.
- **Heptagone régulier (3) :** heptagone possédwant 7 côtés égaux.
- **Octogone :** figure à 8 côtés.

- **Octogone régulier (4) :** octogone possédant 8 côtés égaux.

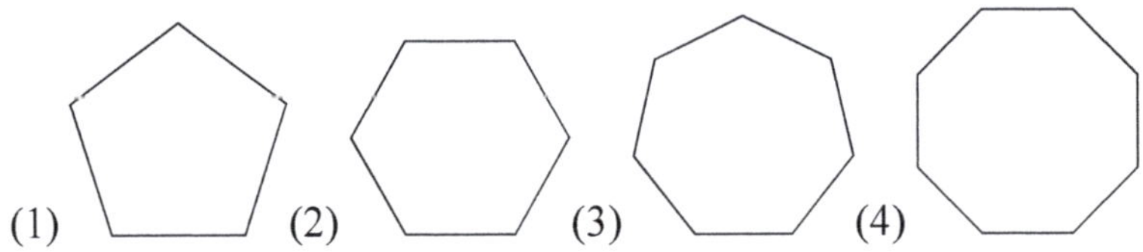

Autre vocabulaire

- **Médiatrice :** droite coupant perpendiculairement un segment en son milieu.

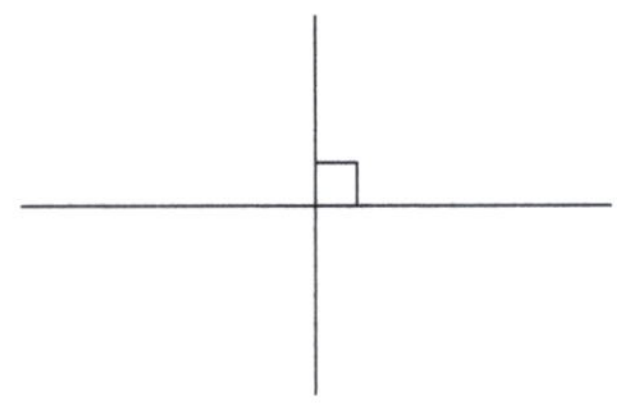

- **Bissectrice :** droite coupant un angle en 2 angles égaux.

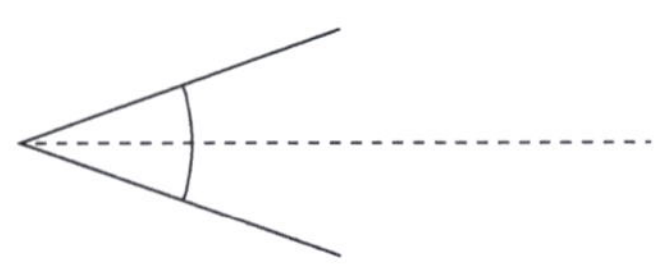

Périmètres (P) et aires (A)

Carré de côté c :

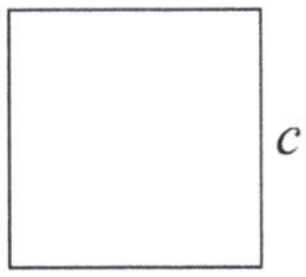

- Périmètre = $4c$
- Aire = c^2

Rectangle de longueur **L** et de largeur l :

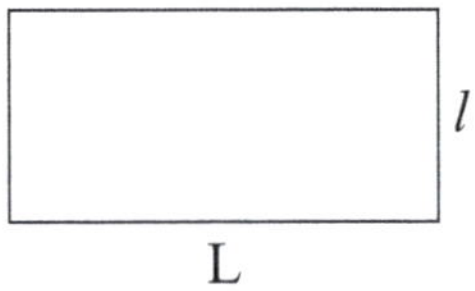

- Périmètre = $2(\mathbf{L} + l)$
- Aire = $\mathbf{L} \times l$

Triangle de base ***b*** et de hauteur ***h*** :

▶ Périmètre = somme des 3 côtés

▶ Aire = $\dfrac{base \times hauteur}{2}$

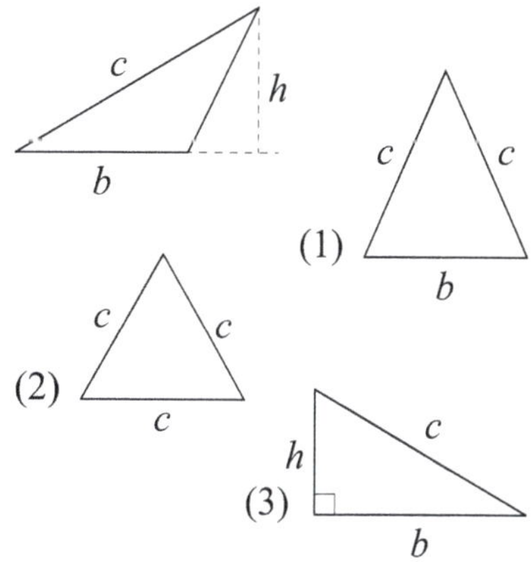

⚠ ATTENTION

Triangle isocèle (1) : périmètre = base + 2c

Triangle équilatéral (2) : périmètre = 3c

Triangle rectangle (3) : aire = $\dfrac{b \times h}{2}$

Parallélogramme de base ***b*** et de hauteur ***h*** :

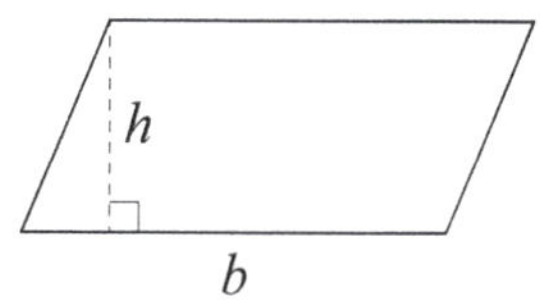

▶ Périmètre = somme des 4 côtés

▶ Aire = base × hauteur

Trapèze de grande base **B**, de petite base ***b*** et de hauteur ***h*** :

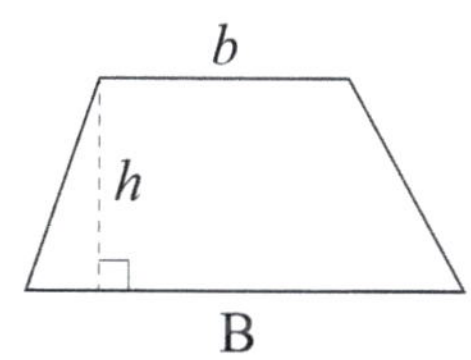

▶ Périmètre = somme des 4 côtés

▶ Aire = $\dfrac{(\mathrm{B} + b) \times h}{2}$

Cercle de rayon ***r*** :

▶ Périmètre = $2 \times \pi \times \boldsymbol{r}$

▶ Aire = $\pi \times \boldsymbol{r}^2$

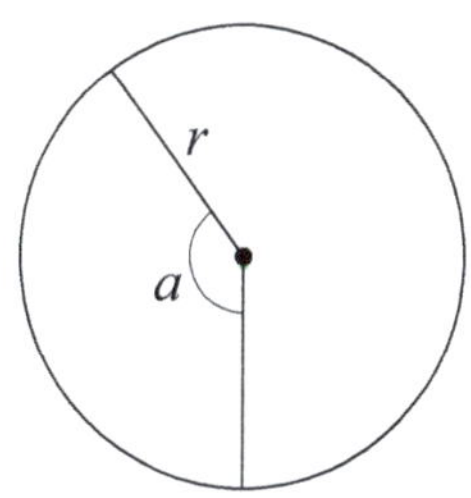

Arc de cercle de rayon ***r*** et d'angle ***a*** :

▶ Périmètre = $2 \times \pi \times \boldsymbol{r} \times \dfrac{a}{360}$

▶ Aire d'une portion de disque = $\pi \times \boldsymbol{r}^2 \times \dfrac{a}{360}$

Losange de côté ***c***, de petite diagonale ***d*** et de grande diagonale **D** :

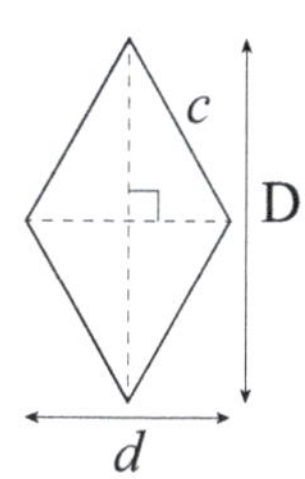

▶ Périmètre = 4c

▶ Aire = $\dfrac{d \times \mathrm{D}}{2}$

Volumes et aires latérales

L'**aire latérale** d'une figure correspond à la **somme des aires de tous les côtés de la figure**.

Parallépipède rectangle (pavé droit)

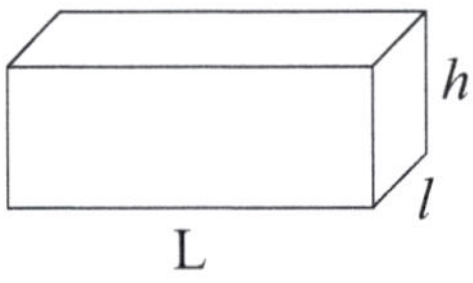

- Volume = $L \times l \times h$
- Aire latérale = $2 \times (L \times l + l \times h + L \times h)$

Cube (côté ***c***) :

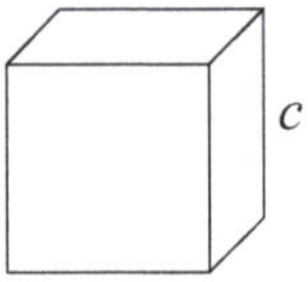

- Volume = c^3
- Aire latérale = $6c^2$

Cône (hauteur ***h*** et rayon ***r***) :

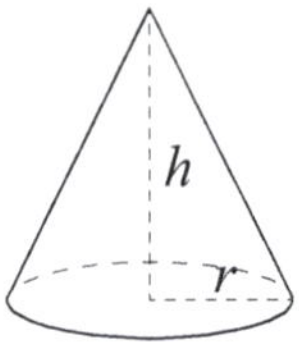

- Volume = $1/3 \times \pi \times r^2 \times h$

Sphère (rayon ***r***) :

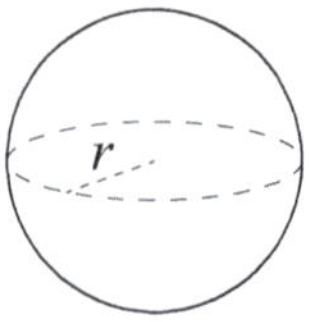

- Volume = $4/3 \times \pi \times r^3$
- Aire latérale = $4 \times \pi \times r^2$

Cylindre (hauteur ***h*** et rayon ***r***) :

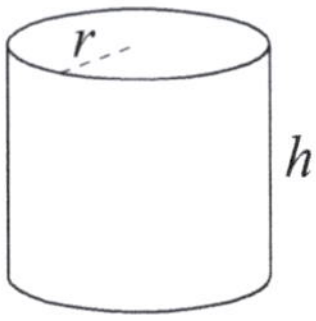

- Volume = $\pi \times r^2 \times h$
- Aire latérale = $2\pi \times r \times h$

Théorèmes de Pythagore et de Thalès

Théorème de Pythagore

Dans un triangle rectangle, le carré de la longueur de l'hypoténuse est égal à la somme des carrés des longueurs des deux autres côtés. La formule du théorème est donc : ***a***2 + ***b***2 = ***c***2.

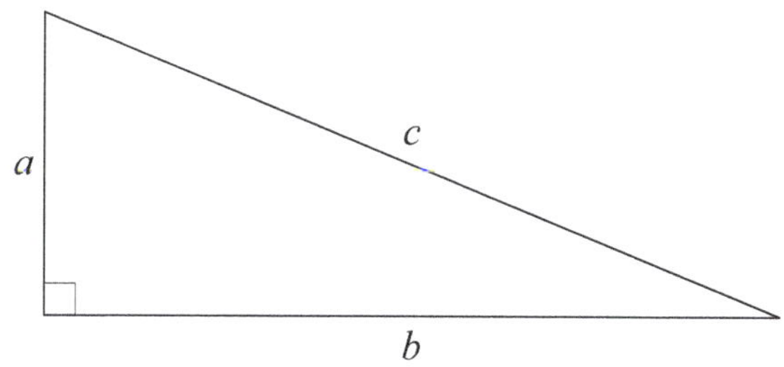

Réciproque du théorème de Pythagore : si $a2 + b2 = c2$, alors le triangle est rectangle.

ASTUCE 4 triangles pythagoriciens (les longueurs sont des entiers naturels) qui sont à connaître par cœur :

- $a = 3$, $b = 4$, $c = 5$
- $a = 6$, $b = 8$, $c = 10$
- $a = 5$, $b = 12$, $c = 13$
- $a = 8$, $b = 15$, $c = 17$

ASTUCE Dans un triangle équilatéral, la longueur d'un seul côté permet de déduire la totalité des données du triangle en appliquant le théorème de Pythagore.

Théorème de Thalès

Le théorème de Thalès affirme que, dans un plan, toute droite **parallèle** à l'un des côtés d'un triangle sépare ce dernier en un triangle de **proportions identiques**. La formule du théorème est donc :

$$\frac{AC}{AD} = \frac{AB}{AE} = \frac{CB}{DE}$$

$$\frac{BC}{AD} = \frac{EC}{EA} = \frac{BE}{ED}$$

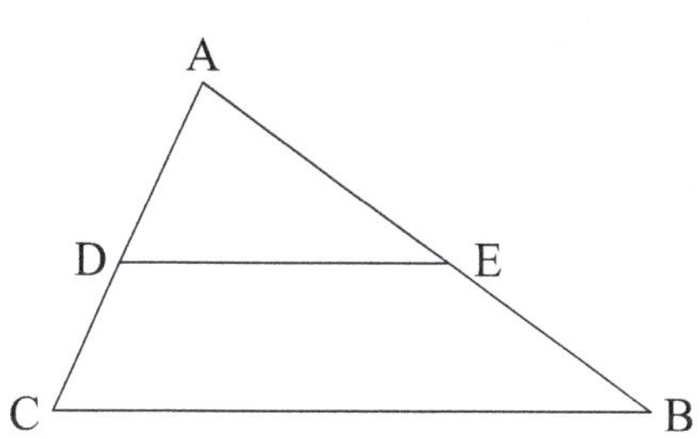

ou

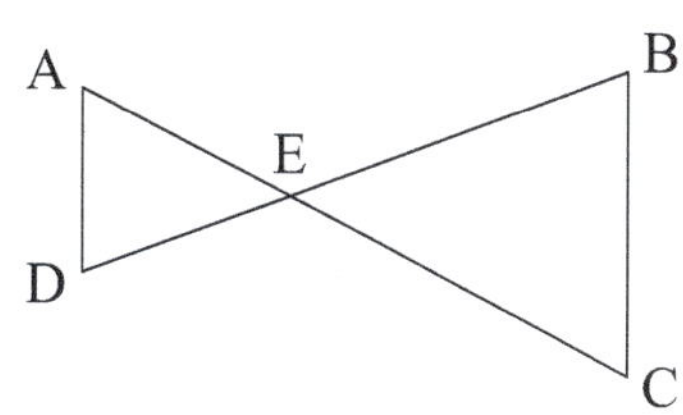

Propriétés géométriques et astuces

Les angles alternes internes

Si deux droites parallèles sont toutes les deux coupées par une même autre droite, les angles formés sont égaux deux à deux ($x_1 = x_2$, $x_3 = x_4$, $x_5 = x_6$, $x_7 = x_8$).

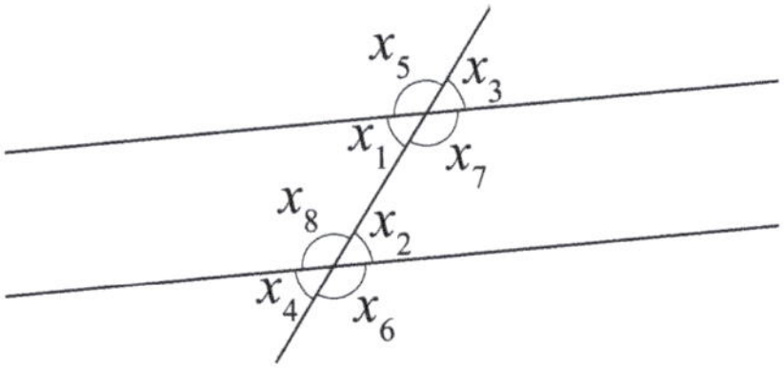

Les angles opposés par le sommet

Lorsque deux droites se croisent, elles forment des angles opposés par le sommet et égaux deux à deux ($x_1 = x_2$, $x_3 = x_4$).

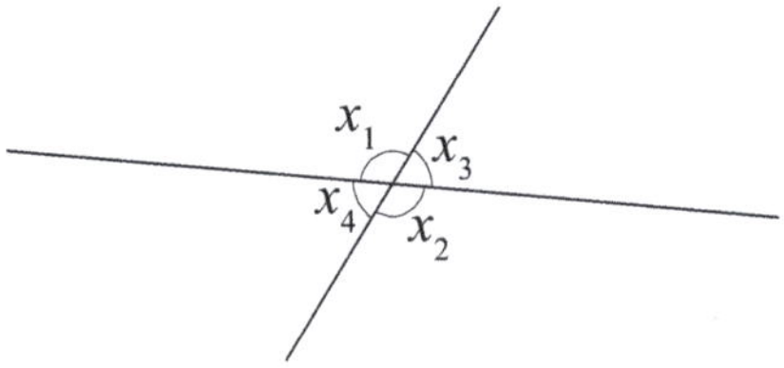

Triangle inscrit dans un cercle

Tout **triangle inscrit dans un cercle** (*i.e.* que les 3 sommets se trouvent sur le contour du cercle) et dont un des côtés est le diamètre est un **triangle rectangle**.

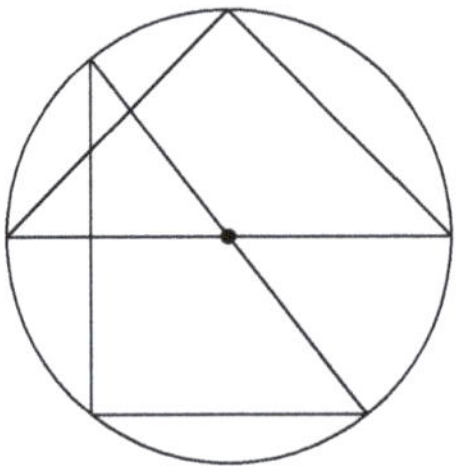

Hauteur et arête d'un cube

Dans un cube :

- 1 côté d'une face (= carré) = 1 arête.
- Soit X la longueur d'un côté d'une face, alors la diagonale (= **bissectrice** : droite qui coupe l'angle en 2 angles égaux) d'une face = **X√2**

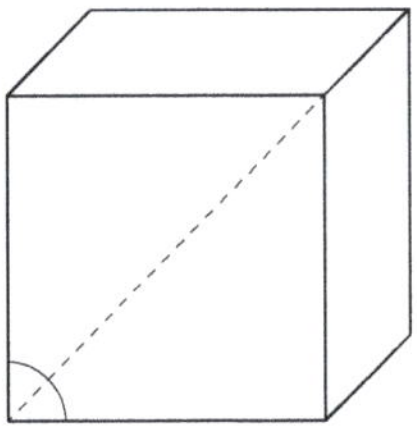

Triangle rectangle = 1/2 rectangle

Un triangle rectangle correspond à la moitié d'un rectangle.

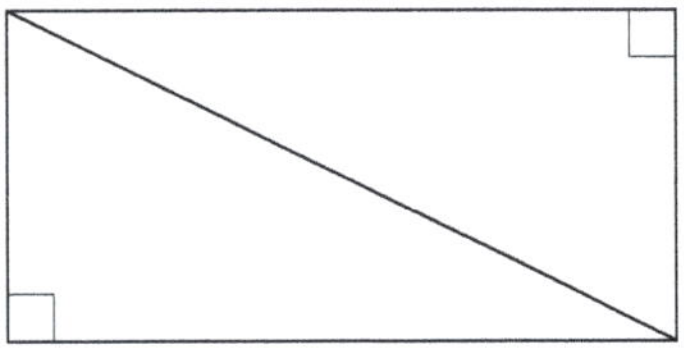

Triangle équilatéral

Toutes les données d'un triangle équilatéral (aire, périmètre, hauteur, médiane, bissectrice, médiatrice, etc.) **sont déductibles** avec le théorème de Pythagore si vous connaissez **la longueur d'un côté**.

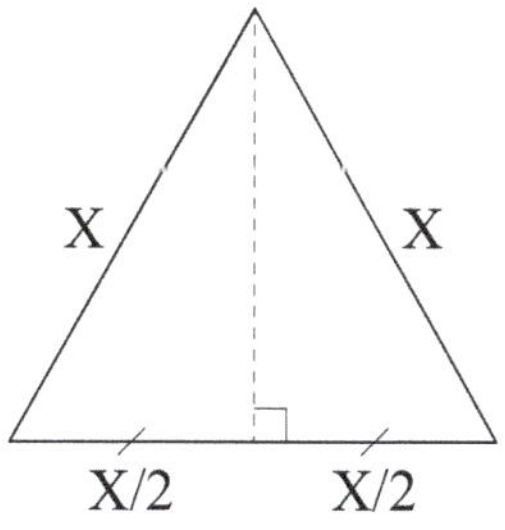

Hexagone régulier

- La somme des angles est égale à 720°.
- Un hexagone régulier est composé de 6 triangles équilatéraux.
- Les angles opposés sont égaux.

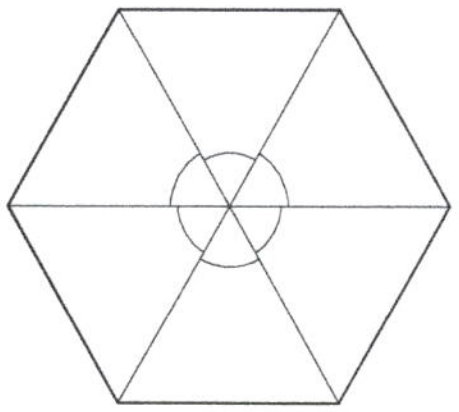

Triangle isocèle ou équilatéral

Dans un triangle isocèle ou équilatéral, l'**aire** de la partie à gauche de la bissectrice d'un angle (**S_1**) est **identique** à l'aire de la partie à droite (**S_2**).

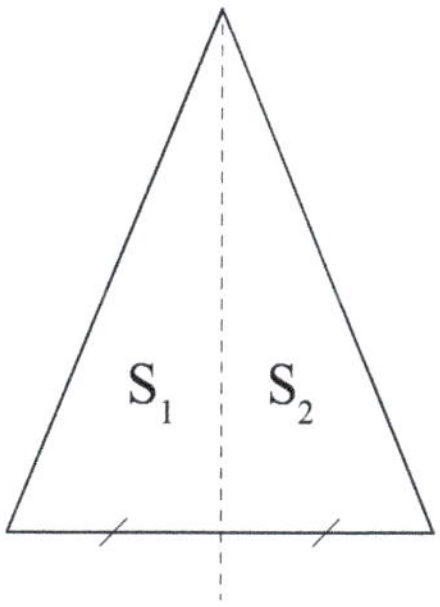

Cercle inscrit dans un triangle rectangle

Pour calculer la longueur du rayon d'un cercle inscrit dans un triangle rectangle, appliquez la formule suivante :

$$\text{Rayon} = \frac{2 \times \text{Surface du triangle}}{\text{Périmètre du triangle}}$$

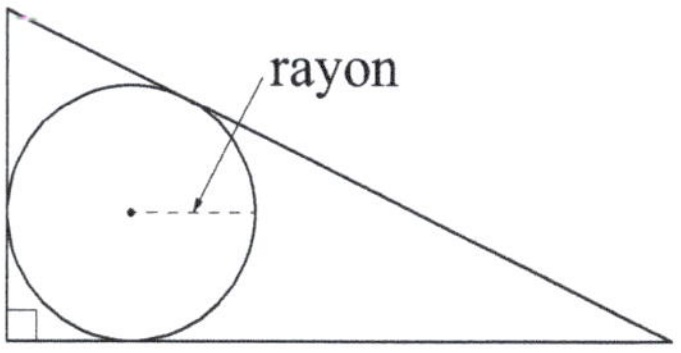

6 Mathématiques

Vitesses, temps, distances

Trois lettres : V, T et D

On considère les trois variables suivantes :

- **V**, la vitesse d'un objet pendant une durée **T** pour parcourir une distance **D**.
- **T**, le temps/la durée mis par l'objet pour parcourir une distance **D** à la vitesse **V**.
- **D**, la distance parcourue par objet à une vitesse **V** pendent un temps/une durée **T**.

Les problèmes VTD s'appuient sur **les trois formules suivantes** :

(1) V = D/T **(2) D = V × T** **(3) T = D/V**

Dans chaque problème, posez-vous d'abord la question suivante : quelle est précisément la variable que je cherche ?

- Si vous cherchez une vitesse, utilisez la formule (1).
- Si vous cherchez une distance, utilisez la formule (2).
- Si vous cherchez un temps, utilisez la formule (3).

Ensuite, **soyez toujours attentifs aux unités** avant d'utiliser ces formules, et assurez-vous toujours que les unités soient bien homogènes (identiques) au sein de la formule. Par exemple, si la vitesse est exprimée en km/h, alors le temps doit être exprimé en heures et la distance en kilomètres.

- Exemples :

1. Un avion reliant Paris à New York a parcouru la distance de 5 200 km en 6 heures et 30 minutes. Quelle a été sa vitesse de vol ?

Réponse : ici, vous cherchez une vitesse et vous devez donc bien sûr appliquer la formule :

V = D/T = 5 200 km / 6,5 h = 800 km/h. Attention ! 6 h 30 = 6,5 h… Pas 6,3 h (erreur fréquente).

2. Un marcheur parcourt 13 km à la vitesse de 4 km/h. Combien de temps a-t-il mis pour parcourir cette distance ?

Réponse : on remplace tout simplement la distance et la vitesse dans la formule :
T = D/V = 13 km / 4 km/h = 3,25 h = 3 h 15 min.

3. Une voiture roule pendant 2 h 20 min à 90 km/h. Quelle distance a-t-elle parcourue ?

Réponse : vous devez convertir les minutes en heures (ici 2 h 20 = 7/3 h) puis appliquer la formule :
D = V × T = 7/3 h × 90 km/h = 210 km.

Conversion des km/h en m/s

Voici une astuce très utile :

- Pour passer des m/s aux km/h, on multiplie les m/s par le coefficient 3,6.
- Pour passez des km/h aux m/s, on divise les km/h par le coefficient 3,6.

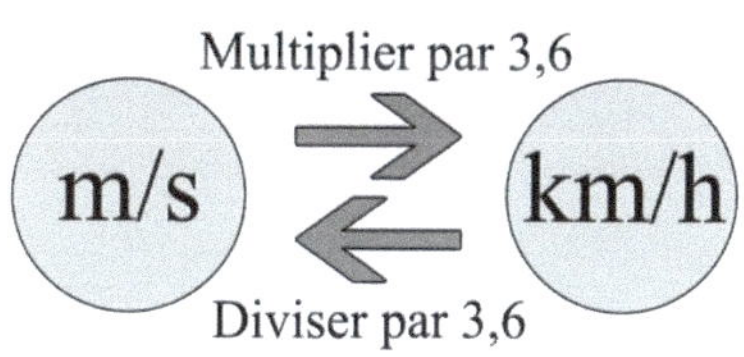

Le tableau VTD

Le tableau VTD est un outil très utile pour simplifier la compréhension d'un énoncé. Il n'est pas obligatoire pour résoudre une question, mais il s'avère souvent utile pour celles et ceux qui ont besoin de « tout mettre à plat ». Voici ce tableau :

	V	*T*	*D*
Acteur 1	V_1	T_1	D_1
Acteur 2	V_2	T_2	D_2

Ce tableau VTD nous servira dans les parties suivantes.

Les grands classiques du Tage Mage

Le cas de rattrapage

Deux objets quittent le même lieu à deux moments différents et avec deux vitesses différentes. Ils se dirigent vers le même endroit. L'un des objets est parti en avance et le second rattrape le premier, grâce à une vitesse supérieure. **Dans un cas de rattrapage, vous devez appliquer l'équation clé :**

$$D_1 = D_2$$

▶ Exemple :

Jeanne part en voiture de la ville A en direction de la ville B à 12 h à la vitesse de 48 km/h. A 13 h, Jean part de la ville A en direction de la ville B à la vitesse de 60 km/h. A quelle heure Jean va-t-il rattraper Jeanne ?

Utilisons dans un premier temps un tableau VTD.

On applique l'égalité $D_1 = D_2$. On sait en outre que comme Jean part avec une heure de retard par rapport à Jeanne : $T_{Jean} = T_{Jeanne} - 1$. En effet Jean dispose d'une heure de moins que Jeanne pour parcourir la distance qui la sépare du point de rencontre (cette distance étant la même pour Jean que pour Jeanne).

	V	*T*	*D*
Jeanne	48 km/h	$T_{Jean} + 1$	$D_{rattrapage}$
Jean	60 km/h	T_{Jean}	$D_{rattrapage}$

Pour trouver T_{Jeanne}, on applique l'égalité suivante :

$D_{Jean} = D_{Jeanne} \Leftrightarrow V_{Jean} \times T_{Jeanne} = V_{Jeanne} \times T_{Jeanne} \Leftrightarrow \mathbf{60T_{Jean} = 48(T_{Jean} + 1)}$

Par conséquent, $12T_{Jean} = 48$; $T_{Jean} = 48/12 = 4h$ et $T_{Jeanne} = T_{Jean} + 1 = 4 + 1 = 5h$.

Réponse : Jean rattrape Jeanne à 17h (13h + 4 heures).

▶ Astuce : vous auriez pu également raisonner autour de la vitesse de rattrapage.

Jean va à la vitesse de 60 km/h et Jeanne à la vitesse de 48 km/h. Par conséquent, la vitesse de rattrapage est de 12 km/h (60 – 48 = 12). Cela signifie qu'en 1 heure, Jean rattrape Jeanne de 12 km. Etant donné que Jeanne a 48 km d'avance sur Jean (la distance parcourue par Jeanne à la vitesse de 48 km/h pendant 1 heure), il faut 4 heures (48 / 4 = 12) à Jean pour rattraper Jeanne. Jean rattrape donc bien Jeanne à 17 h.

Le cas croisement

Deux acteurs partent de deux endroits éloignés d'une distance D_{Total}.

Dans un cas de croisement, vous devez résoudre l'équation clé suivante :

$$D_{Total} = D_1 + D_2$$

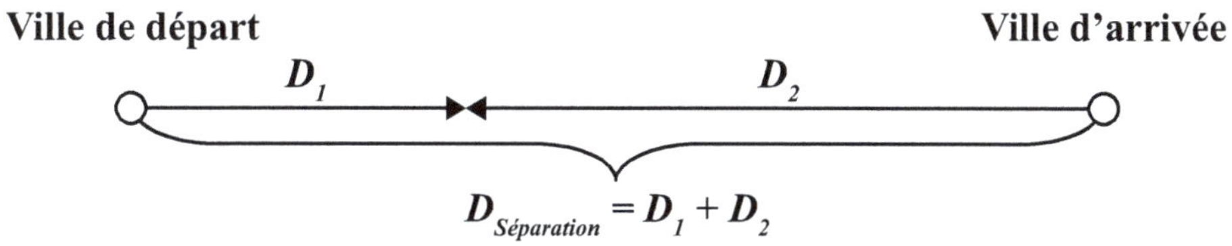

▶ Exemple :

> Un train part d'Auxerre à 10 h et roule à la vitesse de 200 km/h. A la même heure, un train part de Marseille et roule à 300 km/h. A quelle distance de Marseille les trains se croisent-ils, sachant que les deux villes sont éloignées de 700 km ?

Vous cherchez ici la distance entre le point de rencontre des deux trains et la ville de Marseille, soit la distance $D_{Marseille}$. Utilisez là encore un tableau VTD :

	V	*T*	*D*
Auxerre	200 km/h	$T_{Auxerre}$	$700 - D_{Marseille}$
Marseille	300 km/h	$T_{Marseille}$	$D_{Marseille}$

Les deux trains se croisent au même moment, soit $T_{Auxerre} = T_{Marseille}$, ou encore :

$D_{Auxerre} / V_{Auxerre} = D_{Marseille} / V_{Marseille} \Leftrightarrow (700 - D_{Marseille}) / 200 = D_{Marseille} / 300$

Après résolution, vous obtenez $D_{Marseille} = 420$ km.

Le cas aller-retour

On considère un objet effectuant l'aller d'un parcours à une vitesse V_1, puis le retour du même parcours à la vitesse V_2.

Alors la vitesse moyenne de l'objet sur l'aller-retour est donnée par :

$$\textit{Vitesse moyenne} = H = \frac{2 \times V_1 \times V_2}{V_1 + V_2}$$

Cette vitesse moyenne est également appelée **moyenne harmonique.**

▶ Exemple :

Un coureur part de Paris pour aller à Versailles, puis revient par le même chemin. Il effectue l'aller à 8 km/h et le retour à 14 km/h. Quelle est la vitesse moyenne du coureur sur l'ensemble du parcours ?

Réponse : la vitesse moyenne du coureur l'aller-retour Paris Versailles est égale à :

$$Vitesse\ moyenne = \frac{2 \times 8 \times 14}{8 + 14} \approx 10,2\ km/h$$

Le cas changement de vitesse

On considère un objet parcourant une distance D_1 à la vitesse V_1, puis une distance D_2 à une vitesse V_2. On étudie donc l'impact d'une accélération, ou d'une décélération, sur une vitesse moyenne. La vitesse moyenne de l'objet sur la distance D_1 + D_2 est égale à la moyenne harmonique des vitesses, donnée par la formule suivante :

$$\boldsymbol{Vitesse\ moyenne = \frac{D_1 + D_2}{\frac{D_1}{V_1} + \frac{D_2}{V_2}}}$$

▶ Application :

Une voiture roule pendant 1 heure à la vitesse de 80 km/h, puis accélère et roule pendant 60 km à la vitesse de 120 km/h. Quelle est la vitesse moyenne de l'automobiliste sur l'ensemble du parcours ?

Réponse : l'automobiliste a effectué dans un premier temps 80 km à la vitesse de 80 km/h, puis dans un second temps 60 km à la vitesse de 120 km/h. Il a roulé au total 1,5 heure pour parcourir une distance totale de 140 km. La vitesse moyenne est donc égale à 140/1,5 ≈ 93,33 km/h.

La vitesse moyenne était aussi directement calculable *via* la formule suivante :

$$Vitesse\ moyenne = \frac{80 + 60}{\frac{80}{80} + \frac{60}{120}} \approx 93,33\ km/h$$

7 Mathématiques

Boîte à outils de calcul pour le concours Accès

Formules à connaître

$\frac{a}{b} = \frac{c}{d} \leftrightarrow a \times d = b \times c$	$x = a \times b \leftrightarrow a = \frac{x}{b}$
$\frac{a}{b} + \frac{x}{y} = \frac{a \times y + b \times x}{b \times y}$	$\frac{a}{b} \times \frac{x}{y} = \frac{a \times x}{b \times y}$
$a \times \frac{x}{y} = \frac{a \times x}{y}$	$\frac{\frac{a}{b}}{\frac{x}{y}} = \frac{a}{b} \times \frac{y}{x}$
$\frac{1}{\frac{a}{b}} = \frac{b}{a}$	$\frac{\frac{a}{b}}{x} = \frac{a}{b \times x}$

Résolution par substitution

Il s'agit **d'exprimer une inconnue en fonction de l'autre** inconnue dans une des deux équations du système.

$\begin{cases} 3x + y = 2 \\ 3x + 3y = 12 \end{cases}$	**On cherche à exprimer *y* en fonction de *x* dans le premier membre.**
$\begin{cases} y = 2 - 3x \\ 3x + 3y = 12 \end{cases}$	On remplace *y* par sa valeur (2 – 3*x*), dans le second membre.
$\begin{cases} y = 2 - 3x \\ 3x + 6 - 9x = 12 \end{cases}$	On résout l'équation à une inconnue que représente le deuxième membre.
$\begin{cases} y = 2 - 3x \\ -6x = 6 \end{cases}$ donc $x = -1$	On remplace *x* dans le premier membre.
$\begin{cases} x = -1 \\ y = 5 \end{cases}$	

Variation en pourcentage

Il faut que ça devienne un automatisme : quand on modifie une grandeur de *x* %, cela revient à multiplier cette valeur par 1 + *x* %

- Si « *a* » augmente de 17 %, pour trouver la nouvelle valeur « *b* », il faut poser :

  $b = a \times (1 + 17\ \%) = 1{,}17 \times a$

- Si « *a* » augmente de 17 %, puis baisse de 17 % pour trouver la nouvelle valeur « *b* », il faut poser :

  $b = a \times (1 + 17\ \%) \times (1 - 17\ \%)$
  $= 1{,}17 \times 0{,}83 \times a$

Pourcentage de variation

La variation en pourcentage s'exprime comme la différence entre la valeur finale et la valeur initiale divisée par la valeur initiale.

$$\text{Var} = \left\{ \frac{V_f - V_i}{V_i} \times 100 \right\} \%$$

Attention à la TVA

Attention à ne pas retirer la TVA au prix TTC (toutes taxes comprises) pour trouver le prix HT (hors taxe) ! Il faut au contraire appliquer la TVA au prix HT.

$$P_{HT} \times (1 + \text{TVA}) = P_{TTC}$$

$$P_{HT} = \frac{P_{TTC}}{(1 + \text{TVA})}$$

Correspondances pourcentage, fraction et nombre décimal

POURCENTAGE	FRACTION	NOMBRE DÉCIMAL
0,01 %	1/10 000	0,0001
0,1 %	1/1 000	0,001
1 %	1/100	0,01
2 %	1/50	0,02
4 %	1/25	0,04
5 %	1/20	0,05
10 %	1/10	0,1
12,5 %	1/8	0,125
16,66 %	1/6	0,166
20 %	1/5	0,2
25 %	1/4	0,25
33,33 %	1/3	0,333
40 %	2/5	0,4
50 %	1/2	0,5
60 %	3/5	0,6
66,66 %	2/3	0,666
70 %	7/10	0,7
75 %	3/4	0,75
80 %	4/5	0,8
100 %	1	1

Nombre de salutations

Soit un groupe de P individus où chaque individu salue tous les autres. N, le nombre total de salutations échangées, est égal à :

$$N = \frac{P \times (P - 1)}{2}$$

Un groupe de p individus saluant un groupe de q individus :

$$N = P \times Q$$

Décompte d'éléments

Combien de nombres a-t-on entre 13 et 721 inclus ?

$$N = V_{\text{finale}} - V_{\text{initiale}} + 1$$

$$= 721 - 13 + 1 = 709$$

Unités

Longueurs		Surfaces		Volumes	
0,001 km		0,000001 km^2		0,000000001 km^3	
0,01 hm		0,0001 hm^2		0,000001 hm^3	
0,1 dam	÷ 10	0,01 dam^2	÷ 100	0,001 dam^3	÷ 1 000
1 m		1 m^2		1 m^3	
10 dm	× 10	100 dm^2	× 100	1 000 dm^3	× 1 000
100 cm		10 000 cm^2		1 000 000 cm^3	
1 000 mm		1 000 000 mm^2		1 000 000 000 mm^3	

Intérêts simples

Ces intérêts se calculent à partir de trois variables :

- Le capital initial C_0
- Le taux d'intérêts r
- La durée du placement n

$$I = C_0 \times r \times n$$

Le capital final, après n périodes, noté C_n, sera donc égal à :

$$C_n = C_0 + C_0 \times r \times n = C_0(1 + r \times n)$$

Intérêts composés

Ici, les intérêts sont réinvestis au capital. La valeur acquise au bout de n périodes tient donc compte de ce réinvestissement des intérêts acquis, pour devenir :

$$C_n = C_0 \times (1 + r)^n$$

Forfait et réduction

Certains exercices font intervenir forfaits et cartes de réductions, la question étant de déterminer à partir de quand l'un devient plus rentable que l'autre. Il faut poser et résoudre l'inéquation :

$$P_{forfait} < P_{sans\ forfait}$$

8 Mathématiques

Cas pratique : les problèmes d'effectifs

Énoncé

Un institut d'étude a réalisé récemment un sondage sur les pratiques alimentaires des Français et plus spécifiquement sur l'achat hebdomadaire de trois produits de base : la viande, le poisson et les œufs. Pour 1 000 personnes interrogées, on a les renseignements suivants :

- 100 personnes achètent de la viande et des œufs ;
- On a 10 fois plus d'acheteurs de viande uniquement que d'œufs exclusivement ;
- 25 % des personnes interrogées n'achètent que du poisson ;
- 700 personnes ont répondu acheter du poisson, 360 des œufs et 400 de la viande ;
- 50 % des acheteurs de viande en profitent pour acheter aussi du poisson.

(A) 90 personnes n'achètent aucun de ces produits.

(B) On ne peut savoir combien de personnes achètent les 3 produits.

(C) 150 personnes n'achètent que de la viande.

(D) 450 personnes achètent au moins deux produits.

Correction détaillée

Nous voici en présence d'un type d'exercice cruel et discriminatoire ! Sans méthode, le candidat se lance dans des schémas sans fin, des arborescences complexes, des supputations vaines… L'horreur. Avec la méthode que l'on va mettre en place, le succès est quasi garanti ! À vos crayons !

L'astuce ici consiste à représenter les achats des trois produits par trois cercles découpés en zones que l'on code arbitrairement comme suit :

Ensemble des personnes interrogees (= 1 000)

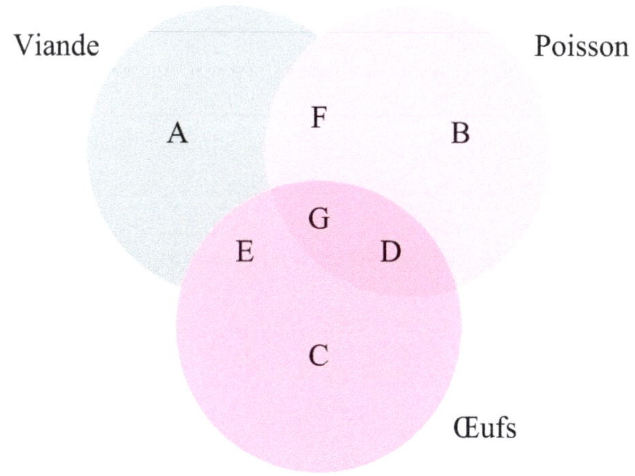

Ce schéma présente alors simplement les différentes catégories de clients de l'enquête :

- Les zones A, B, C : ce sont les clients n'achetant qu'un seul produit.
  - La zone A représente les clients qui n'achètent que de la viande.
  - La zone B représente les clients qui n'achètent que du poisson.
  - La zone C représente les clients qui n'achètent que des œufs.
- Les zones D, E, F : ce sont les clients achetant <u>exactement</u> deux produits.
  - La zone D regroupe les clients ayant acheté du poisson et des œufs.
  - La zone E regroupe les clients ayant acheté de la viande et des œufs.
  - La zone F regroupe les clients ayant acheté de la viande et du poisson.
- Enfin, la zone G regroupe les chanceux qui s'offrent à la fois de la viande, du poisson et des œufs.

Une fois le cadre posé, il s'agit de traduire les données de l'énoncé par un système d'équations en évitant deux embûches :

- L'information « 100 personnes achètent de la viande et des œufs » n'est pas l'information : « 100 personnes n'achètent que de la viande et des œufs ». En d'autres termes, cette population inclut également les clients qui achètent les trois produits (la zone G).
- Dans le même style, l'information « 50 % des acheteurs de viande en profitent pour acheter du poisson » inclut également les « tri-acheteurs ».

On obtient alors, sans trop souffrir :

$$\begin{cases} E + G = 100 \\ A = 10C \\ B = 25\ \% \times 1\,000 = 250 \\ B + F + G + D = 700 \\ C + D + E + G = 360 \\ A + E + F + G = 400 \\ F + G = 50\ \% \times (A + E + F + G) = 50\ \% \times 400 = 200 \end{cases}$$

Voici un système de 7 équations à 7 inconnues qui, avec un peu de méthode, de pratique et de recul, se résout assez rapidement.

Pour commencer, on remplace toutes les lettres ou petits groupes de lettres dont on connaît la valeur et que l'on retrouve dans au moins deux équations. Ici, on connaît la valeur de B (250), celle de E + G (100) et celle de F + G (200). Remplaçons donc ces lettres et groupes de lettres par leur valeur correspondantes dans les autres équations. Cela donne :

$$\begin{cases} E + G = 100 \\ A = 10C \\ B = 250 \\ 250 + 200 + D = 700 \\ C + D + 100 = 360 \\ A + E + 200 = 400 \\ F + G = 200 \end{cases}$$

Ensuite, nos souvenirs de collège nous rappellent que pour résoudre une équation, on met toujours d'un côté les inconnues, de l'autre les valeurs, c'est-à-dire :

$$\begin{cases} E + G = 100 \\ A - 10\,C = 0 \\ B = 250 \\ D = 700 - 250 - 200 = 250 \\ C + D = 360 - 100 \\ A + E = 400 - 200 \\ F + G = 200 \end{cases}$$

On remplace la valeur de D dans la 5e équation, on trouve alors C, puis A (à l'aide de la 2e équation) et de fil en aiguille, on conclut :

$$\begin{cases} A = E = 100 \\ B = D = 250 \\ C = 10 \\ F = 200 \\ G = 0 \end{cases}$$

Nous pouvons alors nous attaquer aux assertions proposées.

▶ Proposition (A)

Pour connaître le nombre de personnes n'achetant aucun produit, il suffit de calculer le nombre total de clients achetant des produits que l'on retranchera du nombre de clients total. On remarque alors que le nombre d'acheteurs est égal à A + B + C + D + E + F + G et vaut donc, par addition, 910. Les personnes interrogées sont au nombre de 1000 donc, par soustraction, on conclut qu'il y bien 90 personnes n'ayant rien acheté.

Réponse : VRAI

▶ Proposition (B)

Les personnes achetant les trois produits sont regroupées dans G et G = 0 donc la proposition est fausse.

Réponse : FAUX

▶ Proposition (C)

Les personnes n'achetant que de la viande sont regroupées dans A et A = 100. La proposition est donc fausse.

Réponse : FAUX

▶ Proposition (D)

Les personnes achetant au moins deux produits sont celles achetant exactement deux produits (D + E + F) et celles achetant exactement 3 produits (G). Par addition, on trouve 550 clients concernés. La proposition est donc fausse.

Réponse : FAUX

9 Mathématiques

Cas pratique : les problèmes de logique pure

Énoncé

Au restaurant, Elsa donne les informations suivantes à Étienne :
- Si je fais de l'escalade, alors je ne fais pas d'aérobic ;
- Si je ne fais pas d'escalade alors je fais du volley-ball ;
- Je fais de l'aérobic ou je fais du snowboard ;
- Je ne fais pas de volley-ball.

(A) Elsa fait de l'escalade.

(B) Elsa fait de l'aérobic.

(C) Elsa ne fait pas de snowboard.

(D) Si Elsa ne fait pas du snowboard alors elle fait de l'escalade.

Correction détaillée

On repère en tout premier lieu l'élément déclencheur : « *je ne fais pas de volley-ball* ».

RAPPEL DE COURS

La contraposée de « Si A, alors B » (A $\Rightarrow$ B) est « Si NON B alors NON A » (NON B $\Rightarrow$ NON A).

Ou encore, dit autrement : la contraposée de « P $\Rightarrow$ Q » est « $\overline{Q} \Rightarrow \overline{P}$ ».

En appliquant ce rappel de cours à la deuxième proposition d'Elsa, on a alors :

« *Je ne fais pas de volley-ball* » ⇒ « *je fais de l'escalade* ». On poursuit le raisonnement avec la 1re proposition : Elsa fait de l'escalade donc elle ne fait pas d'aérobic.

Récapitulons tout ceci sur une ligne que l'on nomme L1 :

L1 : « Pas de volley-ball » ⇒ « Escalade » ⇒ « Pas d'aérobic »

⚠ **ATTENTION** Dans les phrases du type « A ou B », on considèrera toujours que le « ou » est non exclusif, c'est-à-dire que soit A est réalisé, soit B, soit les deux en même temps.

Ce travail préparatoire nous permet de nous attaquer plus sereinement à l'analyse des propositions.

► **Proposition (A)**

Puisqu'Elsa ne fait pas de volley-ball, elle fait de l'escalade d'où :

Réponse : VRAI

► **Proposition (B)**

Elle fait de l'escalade donc elle ne fait pas d'aérobic.

Réponse : FAUX

► **Proposition (C)**

Supposons qu'Elsa ne fasse pas de snowboard. Dans ce cas, elle fait nécessairement de l'aérobic puisque Elsa fait de l'aérobic ou du snowboard. Or, elle ne fait pas d'aérobic d'après ce que l'on a dit en B. La proposition est donc absurde.

Réponse : FAUX

► **Proposition (D)**

Un peu comme au C, supposons qu'Elsa ne fasse pas de snowboard. Dans ce cas, elle fait nécessairement de l'aérobic. Il nous faut alors considérer la contraposée de la ligne *L1* mentionnée plus haut. Le rappel de cours nous permet d'obtenir :

L2 : « Aérobic » ⇒ « Pas escalade » ⇒ « Volley-ball »

Elsa fait de l'aérobic, donc, d'après L2, on conclut qu'elle ne fait pas d'escalade.

Réponse : FAUX

10 Mathématiques

Cas pratique : les problèmes de vitesses, temps et distances

Voici un exercice incontournable que les concepteurs des sujets n'hésitent pas à revisiter tous les ans, voire plusieurs fois par an comme ce fut le cas en 2006. Il faut donc s'y préparer avec obstination, la réussite est à l'arrivée. En route !

Énoncé

On considère un train T1 qui part de A pour B à 10 h, et à la vitesse de 200 km/h. Une heure plus tard, un train T2, plus rapide, part également de A sur une voie exactement parallèle à celle du premier train. On sait que les trains mesurent tous les deux 200 m, et que lorsque T2 finit par rattraper T1, les trains se croisent pendant 14,4 secondes. On précise enfin que le train T2 va mettre 6 h à faire son trajet.

(A) Les deux villes sont distantes de 900 km.

(B) La vitesse du train T2 est de 300 km/h.

(C) Le train T1 arrive 30 minutes après le train T2.

(D) Si les deux trains avaient la même vitesse, ils se seraient croisés pendant 9,6 secondes.

Correction détaillée

Nous vous livrons le secret suivant :

STOP – MÉTHODE !

Méthode SNCF

S comme Schéma	N comme Nomination	C comme Conversion	F comme Formule
On représente l'énoncé par un schéma	On nomme toutes les données explicites et implicites de l'énoncé, que l'on représente sur le schéma	On convertit toutes les données de temps, de distance et de vitesse de manière homogène (souvent en h, km et km/h)	On utilise dans tous les sens la formule V = D/T (Vitesse = Distance/Temps)

Avec la méthode SNCF, les trains ne vous poseront plus problème. Il vous sera également possible de résoudre tout autre problème faisant intervenir des notions de vitesse, de distance et de temps. Appliquons la démarche sans plus tarder.

Schéma :

Établissons une première ébauche de schéma avant de la compléter ci-après :

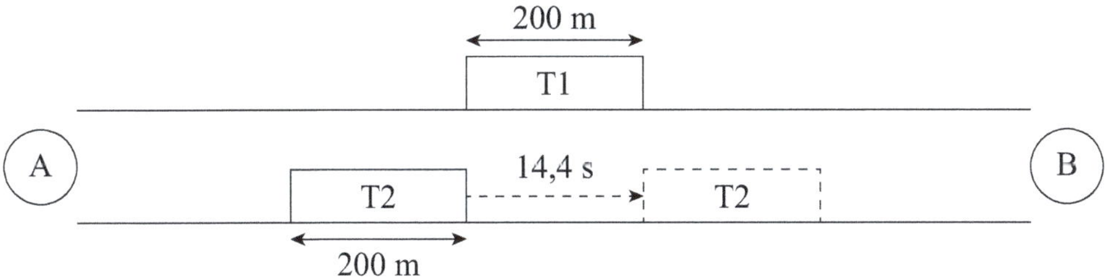

Nomination :

Nommons à présent les données explicites (c'est-à-dire celles suggérées par l'énoncé) et implicites (celles qui ne sont pas précisées dans l'énoncé mais qui sont indispensables à la résolution du problème) en distinguant deux cas :

Les données dont on a la valeur :

- H1 = heure de départ de T1 = 10 h
- H2 = heure de départ de T2 = H1 + 1 h = 11 h

- V1 = vitesse du train T1 = 200 km/h
- L1 = L2 = longueur de T1 et T2 = 200 m
- Td : temps nécessaire à T2 pour dépasser T1 = 14,4 s
- *t*2 = temps nécessaire à T2 pour relier A à B = 6 h

Les données dont on n'a pas la valeur :

- V2 = vitesse du train T2
- D = distance entre A et B
- D1 = distance parcourue par T1 entre le début du dépassement et la fin du dépassement
- D2 = distance parcourue par T2 entre le début du dépassement et la fin du dépassement
- *t*1 = temps nécessaire à T1 pour relier A à B
- HA1 = heure d'arrivée de T1
- HA2 = heure d'arrivée de T2

Le schéma peut alors être complété comme suit :

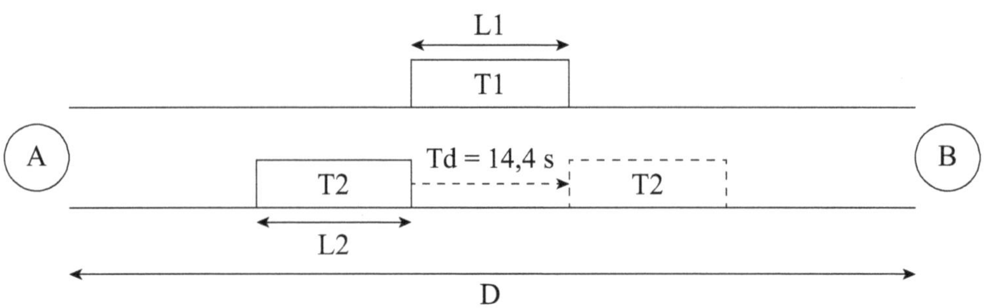

Conversion :

On convertit toutes les données de l'énoncé à l'aide de règles de 3 et de calcul basique :

Td = 14,4 secondes = 0,004 h

L1 = L2 = 200 m = 0,2 km

Formule :

Cette étape est la plus délicate : il s'agit de s'aider de la formule Vitesse = Distance/ Temps pour trouver petit à petit toutes les solutions du problème. Pour cela, il faudra utiliser le RAISONNEMENT et triturer dans tous les sens cette formule.

Dans le cas présent, nous savons d'après l'énoncé que les deux trains se croisent en 14,4 secondes soit 0,004 h et que le train T1 roule à 200 km/h. Il nous est alors possible dans un premier temps de calculer la distance parcourue par T1 pendant ces 0,004 h de dépassement. On a en effet :

D2 = D1 + L1 = 0,8 + 0,2 = 1 km

Or, après réflexion, la distance D2 parcourue par T2 pendant ces 0,004 h est égale à D1 à laquelle on doit rajouter la longueur du train T1. On a alors :

D1 = V1 × Td = 200 × 0,004 = 0,8 km

Ainsi T2 a parcouru 1 km en 0,004 h ce qui nous permet, encore grâce à la formule V = D/T de calculer V2 et on a :

V2 = 1/0,004 = 250 km/h

Une fois V1 et V2 connues, on peut se servir du temps de trajet de T2, noté *t*2, pour déterminer la distance entre A et B, que l'on a notée D, encore grâce à la formule :

D = V2 × *t*2 = 250 × 6 = 1 500 km

Déterminons *t*1 en exploitant une nouvelle fois la formule :

*t*1 = D/V1 = 1 500/200 = 7,5 h = 7 h 30 min

Pour finir, déterminons par une équation simple les heures d'arrivée respectives de T1 et T2 :

T2 = H2 + *t*2 = 11 h + 6 h = 17 h et T1 = H1 + *t*1 = 10 h + 7 h 30 min = 17 h 30

Nous avons fait le tour du problème. Il nous reste à valider ou non les propositions.

▶ Proposition (A)

Les deux villes sont distantes de 750 km (D) d'où :

Réponse : FAUX

▶ Proposition (B)

La vitesse V2 de T2 est de 250 km/h d'où :

Réponse : FAUX

▶ Proposition (C)

T1 – T2 est bien égal à 30 minutes d'où :

Réponse : VRAI

▶ Proposition (D)

La proposition est absurde : si les deux trains ont la même vitesse, ils ne se croiseront jamais puisque T1 est parti une heure avant T2 !

Réponse : FAUX

11 Mathématiques

Cas pratique : les problèmes d'ordre

Le problème proposé ci-dessous est un grand classique qui ne présente aucune difficulté particulière. Cependant, certaines années présentent des variantes plus délicates que l'on traitera avec une démarche analogue (schématiser les résultats dans un tableau…) et en mobilisant les réflexes de logique (démonstration par l'absurde, contraposée…) que vous développerez en vous exerçant.

Énoncé

Un grand prix automobile a réuni sur le podium trois coureurs automobiles, Marc, Vincent et Romain dont nous avons les informations suivantes :

- La Ferrari de l'un des coureurs est de couleur jaune ;
- Romain a une voiture orange ;
- La voiture verte est arrivée en troisième position ;
- La voiture de Marc précède immédiatement la Citroën de Vincent ;
- L'une des voitures est une Lada.

(A) Vincent a une voiture verte.

(B) La voiture qui a remporté le grand prix est jaune.

(C) La Lada précède immédiatement la Citroën.

(D) Marc est le propriétaire de la Ferrari.

Correction détaillée

La difficulté n'est pas insurmontable : il suffit de regrouper les donner dans un tableau et de compléter progressivement. On répond alors aux questions. Commençons par le tableau vide :

Nom			
Marque			
Couleur			
Rang			

On remplit alors le tableau avec les informations que l'on a, sans aucune réflexion :

Nom			Romain
Marque	Ferrari		
Couleur	Jaune	Verte	Orange
Rang		3	

Vincent a une Citroën : elle ne peut être jaune puisque seule la Ferrari est jaune ; de même, elle n'est pas orange puisque seule la voiture de Romain est orange. Vincent a donc une Citroën verte.

Nom		Vincent	Romain
Marque	Ferrari	Citroën	
Couleur	Jaune	Verte	Orange
Rang		3	

La voiture de Marc précède immédiatement la Citroën de Vincent qui est en troisième position. On débusque alors deux nouvelles informations logiques : Marc est en deuxième position et il détient la Ferrari. Ce qui donne dans le tableau :

Nom	Marc	Vincent	Romain
Marque	Ferrari	Citroën	
Couleur	Jaune	Verte	Orange
Rang	2	3	

L'une des voitures est une Lada. Par élimination, elle appartient à Romain et l'on a :

Nom	Marc	Vincent	Romain
Marque	Ferrari	Citroën	Lada
Couleur	Jaune	Verte	Orange
Rang	2	3	

On complète finalement comme suit (no comment !) :

Nom	Marc	Vincent	Romain
Marque	Ferrari	Citroën	Lada
Couleur	Jaune	Verte	Orange
Rang	2	3	1

Le travail préparatoire est fini : nous pouvons valider ou invalider les propositions.

- **Proposition (A)**

Réponse : VRAI

- **Proposition (B)**

Réponse : FAUX

- **Proposition (C)**

Réponse : FAUX

- **Proposition (D)**

Réponse : VRAI

12 Mathématiques

Cas pratique : vérité et mensonge

Énoncé

Jack a un enfant qui dit toujours la vérité le week-end, et qui ment ou dit la vérité le reste de la semaine. Lorsqu'on lui pose la question « *quel est ton prénom* » pendant 5 jours de suite, il répond : Jim, Bill, Jim, Bill, Jim.

(A) On ne peut pas savoir comment s'appelle le fils de Jack.

(B) S'il dit s'appeler Bill le sixième jour, il s'appelle Jim.

(C) S'il dit s'appeler Jim le sixième jour, on est sûr qu'il s'appelle Jim.

(D) Quoiqu'il dise le sixième jour, on ne peut savoir comment le fils de Jack s'appelle.

Correction détaillée

Ce type d'exercice est déroutant puisque totalement nouveau pour l'étudiant lambda. On se rapproche ici plus de la devinette « haut de gamme » que du problème mathématique complexe à multiples inconnues que vous commencez à apprivoiser à la lecture de cet ouvrage. Souvent, à la lecture de l'énoncé, on a l'impression qu'il manque des informations, qu'on n'arrivera jamais à répondre à la moindre question. Voyons alors comment percer le mystère…

Tout d'abord, petit conseil, construisons rapidement un tableau des jours de la semaine avec les informations précisées dans l'énoncé. Ça peut donner le tableau suivant :

Jour de la semaine	Lundi	Mardi	Mercredi	Jeudi	Vendredi	Samedi	Dimanche
Vérité ou mensonge (V ou F)	V ou F	V ou F	V ou F	V ou F	V ou F	V	V

Attaquons-nous à présent à la validation des propositions de l'énoncé.

▶ Proposition (A)

Votre intuition vous suggère peut-être qu'effectivement il est impossible de connaître, avec ces informations maigrelettes, le prénom du fiston de Jack. Il s'agit à présent de le démontrer car, bien souvent, les intuitions sont trompeuses.

Tout d'abord, une information doit vous déranger : « Lorsqu'on lui pose la question *« quel est ton prénom »* **pendant 5 jours de suite**, il répond : Jim, Bill, Jim, Bill, Jim ». Elle doit éveiller en vous une question : de quels jours s'agit-il ? En réfléchissant, seules trois séquences de 5 jours sont possibles :

- S1 : du lundi au vendredi
- S2 : du mardi au samedi
- S3 : du dimanche au jeudi

Les autres séquences ne sont pas possibles puisqu'on se retrouve alors avec une séquence contenant le week-end entier et que, par hypothèse, il dit « Bill » un jour, et « Jim » le suivant. Il dirait alors « Bill » le samedi et « Jim » le dimanche (ou « Jim » le samedi et « Bill » le dimanche), ce qui serait absurde puisqu'il dit la vérité le samedi ET le dimanche. Vous me rétorquerez qu'il peut avoir deux prénoms, Bill et Jim, mais l'énoncé perd alors de son intérêt !

Passons alors au crible les trois séquences possibles :

Si nous sommes à l'intérieur des séquences S2 ou S3, on est certain que le fils s'appelle Jim puisqu'il dit Jim le premier jour et le dernier jour. Dans S3, le 1er jour est un dimanche, donc le fils dit la vérité. De même, dans S2, le dernier jour est un samedi et le fils dit encore la vérité.

En revanche, si nous sommes à l'intérieur de la séquence S1, les 5 jours en question sont les jours de la semaine et l'on ne peut donc pas savoir avec certitude s'il dit la vérité ou non.

Ainsi, la proposition A est vraie.

Réponse : VRAI

▶ Proposition (B)

S'il dit s'appeler Bill le sixième jour et que nous sommes dans la séquence S1, alors le 6e jour est un samedi : il dit alors la vérité et s'appelle effectivement Bill. Il ne s'appelle donc pas Jim.

Réponse : FAUX

▶ Proposition (C)

Si nous sommes en S2 ou S3, nous avons vu que le fils s'appelait alors Jim. Vérifions si c'est encore le cas en S1. En S1, le 6e jour est un samedi. Il dit alors la vérité, il s'appelle donc bien Jim.

Ainsi, dans toutes les séquences possibles, on aboutit à la conclusion qu'il se prénomme bien Jim.

Réponse : VRAI

▶ Proposition (D)

D'après ce qui vient d'être dit au C, on répond sans trop tarder…

Réponse : FAUX

13 Mathématiques

Cas pratique : probabilités

La plupart des élèves redoute cette discipline que l'on n'aborde que tardivement : les probabilités. Pourtant avec de la méthode, une bonne connaissance du cours et surtout une priorité donnée au raisonnement, on s'en sort à tous les coups. Voici la trame qu'il faudra respecter dans la quasi-totalité des exercices de probabilité :

1. Raisonner
2. Nommer des évènements
3. Traduire l'énoncé et ses propositions à l'aide de ces évènements
4. Raisonner
5. Appliquer une formule, le cas échéant
6. Raisonner
7. Calculer et conclure

J'attire l'attention sur la très grande tendance qu'ont les élèves à systématiquement vouloir appliquer une formule avant même d'avoir raisonné. Je le répète, en probabilité, le raisonnement doit précéder l'application d'une formule. Par exemple, il sera parfois plus facile de calculer $P(A \cap B)$ plutôt que $P(A) \times P_A(B)$.

Place à l'exercice à présent.

Énoncé

Une banque a ouvert un guichet automatique d'un type particulier qui distribue des billets de banque de 10 euros. Les clients qui possèdent une carte magnétique se sont vu attribuer un code secret X compris entre 0000 et 9999. Chaque client se présentant au guichet doit présenter sa carte et proposer son code secret. Si le numéro composé est exacte, le client peut retirer de l'argent en coupure de 10 euros ; dans le cas contraire, il dispose de deux essais supplémentaires pour retrouver le code X. À l'issue de trois essais consécutifs infructueux, le guichet conserve sa carte.

(A) Le client Tartempion se présente à ce guichet et hésite entre 4 codes possibles : 6866, 6668, 8666 ou 6686. La probabilité pour que le client compose son code X au deuxième essai est de 1/4.

(B) Dans les mêmes conditions qu'en A, la probabilité pour que Tartempion réussisse au plus tard au deuxième essai est de 1/4.

(C) Le client Lambda se présente à ce même guichet alors qu'il ne se souvient plus du tout de son code X. La probabilité pour qu'il réussisse à retirer de l'argent est de 3/10 000.

(D) Sachant que l'on estime à 1/10 000 la proportion de personnes susceptibles de tenter leur chance auprès de ce guichet automatique avec une carte trouvée ne leur appartenant pas, la probabilité pour que le client Alfred, qui a perdu sa carte, voit son compte débité contre son gré est de 3/10 000.

Correction détaillée

Appliquons la démarche à chacune des propositions.

▶ Proposition (A)

1re étape : nommons d'abord les événements

X2 : « Le client compose son code X au 2e essai »

En réfléchissant quelque peu, on se rend compte que, pour composer le bon code au 2e essai, il faut avoir composé un mauvais code au 1er essai. On a alors l'idée de poser un 2e événement :

X1 : « le client compose son code X au 1er essai »

2e étape : on traduit la proposition de l'énoncé à l'aide de nos événements

L'énoncé suggère que : $P(X2) = P(\overline{X1} \cap X2) = 1/4$

Calculons alors $P(\overline{X1} \cap X2)$.

3e étape : on utilise la formule des probabilités conditionnelles

---

RAPPEL DE COURS

$$P(A \cap B) = P(A) \times P_A(B) \text{ si } P(A) \neq 0$$

$$P(A \cap B) = P(B) \times P_B(A) \text{ si } P(B) \neq 0$$

Après réflexion, puisque l'événement X2 dépend de ce qui se passe lors du 1er code composé, on utilise la formule des probabilités conditionnelles et on a :

$$P(\overline{X1} \cap X2) = P(\overline{X1}) \times P_{\overline{X1}}(X2)$$

4e étape : on calcule chacune des probabilités

RAPPEL DE COURS

$$P(\text{événement}) = \frac{\text{nombre des cas favorables}}{\text{nombre des cas total}}$$

---

3 codes sont faux sur 4 codes possibles donc $P(\overline{X1}) = 3/4$

Sachant que le client a déjà composé un code, il lui reste trois codes possibles dont un seul juste donc $P_{\overline{X1}}(X2) = 1/3$

Par multiplication, on conclut : $P(\overline{X1} \cap X2) = 1/4$

Réponse : VRAI

- **Proposition (B)**

Nous pouvons résoudre le problème de trois façons. À vous de faire votre choix.

1re méthode : en utilisant sa logique intuitive

Souvenons-nous, le raisonnement doit précéder l'action. On constate ici que l'événement « Tartempion réussit au plus tard au 2e essai » est l'événement « Tartempion réussit soit au premier, soit au 2e essai ». Puisque l'on vient de voir que la probabilité qu'il réussisse exactement au 2e essai est de 1/4 , on conclut que la probabilité recherchée est nécessairement plus grande que 1/4 .

2e méthode : en utilisant les règles de logique

Cette méthode consiste à traduire mathématiquement la logique intuitive vue ci-dessus.

RAPPEL DE COURS

Règle sur l'inclusion de deux événements

Soit A et B deux événements.

$$\text{Si } A \Rightarrow B \text{ alors } A \subset B \text{ et donc } P(A) \leq P(B)$$

Et en particulier,

$$\text{Si } A \Rightarrow B \text{ avec } A \neq B \text{ alors } A \subset B \text{ et } P(A) < P(B)$$

Nous vous rappelons que $A \Rightarrow B$ signifie « Si A est réalisé, alors B est réalisé ».

Dans notre cas, si le client a réussi son code au 2e essai, il l'a *a fortiori* réussi au plus tard au 2e essai ! On a donc bien :

« Tartempion réussit au 2e essai » $\Rightarrow$ « Tartempion réussit au plus tard au 2e essai ».

Et, de plus, « Tartempion réussit au 2e essai » $\neq$ « Tartempion réussit au plus tard au 2e essai ».

Donc P(« Tartempion réussit au 2e essai ») < P(« Tartempion réussit au plus tard au 2e essai »).

Or d'après A, P(« Tartempion réussit au 2e essai ») = 1/4

Par conséquent, P(« Tartempion réussit au plus tard au 2e essai ») > 1/4

3e méthode : en utilisant la démarche habituelle

Avec la démarche habituelle, on raisonne, on exprime ce que l'on cherche par les événements et on constate que l'on veut calculer $P(X1 \cup X2)$.

RAPPEL DE COURS

Formule du Crible

$$P(A \cup B) = P(A) + P(B) - P(A \cap B)$$
$$= P(A) + P(B) \text{ si } P(A \cap B) = 0$$

(événements dits « incompatibles »)

Les événements sont ici incompatibles puisqu'on ne peut pas avoir X1 et X2 réalisés (si X1 est réalisé, c'est-à-dire si le bon code est trouvé au 1er essai, X2 ne l'est pas puisque dans ce cas le client n'effectue pas de 2e essai !)

On a alors $P(X1 \cup X2) = P(X1) + P(X2) = \frac{1}{4} + \frac{1}{3} = \frac{3}{12} + \frac{4}{12} = \frac{7}{12} \neq \frac{1}{4}$

Les deux méthodes aboutissent ainsi à la même conclusion.

Réponse : FAUX

► **Proposition (C)**

STOP – ASTUCE !

Très souvent, lorsque la probabilité d'un événement A paraît complexe, il suffit de raisonner à l'aide de l'événement complémentaire $\overline{A}$ et on applique alors la formule du cours :

$$P(A) = 1 - P(\overline{A})$$

Ici, les deux méthodes étaient de difficultés comparables mais appliquons toutefois la méthode utilisant le complémentaire, pour stimuler notre logique. Notre démarche habituelle nous conduit alors aux étapes suivantes :

1re étape : nommons les événements

R : « réussir à retirer de l'argent »

X1 : « le client trouve son code au 1er essai »

X2 : « le client trouve son code au 2e essai »

X3 : « le client trouve son code au 3e essai »

2e étape : traduisons ce que suggère l'énoncé

« Réussir à retirer de l'argent » est finalement l'événement « retirer de l'argent dès le 1er essai, OU après 2 essais OU après 3 essais ».

Ainsi : $R = X1 \cup X2 \cup X3$

RAPPEL DE COURS

Loi de Morgan : « NON (P ou Q) » équivaut à « NON(P) et NON(Q) »

Loi de Morgan appliquée aux probabilités :

$$P(\overline{A1 \cup A2 \ldots \cup An}) = P(\overline{A1} \cap \overline{A2} \ldots \cap \overline{An})$$

L'énoncé affirme : $P(R) = \dfrac{3}{10\,000}$

Par utilisation de la loi de Morgan (ou par raisonnement logique), on a alors :
$P(\overline{R}) = P(\overline{X1 \cup X2 \cup X3}) = P(\overline{X1} \cap \overline{X2} \cap \overline{X3})$

On utilise alors la formule des probabilités conditionnelles et on a :
$P(\overline{R}) = P(\overline{X1}) \times P_{\overline{X1}}(\overline{X2}) \times P_{\overline{X1} \cap \overline{X2}}(\overline{X3})$

C'est-à-dire, en dénombrant les cas favorables et les cas possibles :

$$P(\overline{R}) = \frac{9\,999}{10\,000} \times \frac{9\,998}{9\,999} \times \frac{9\,997}{9\,998} = \frac{9\,997}{10\,000}$$

Finalement, on conclut :

$$P(R) = 1 - P(\overline{R}) = 1 - \frac{9\,997}{10\,000} = \frac{3}{10\,000}$$

Réponse : VRAI

▶ **Proposition (D)**

1re méthode : très rapide mais nécessitant un esprit logique entraîné

Comme pour le B, prenons du recul, utilisons la logique (le raisonnement précède l'action, don't forget !) et faisons confiance à notre intuition (que vous développerez avec le temps par le travail et la répétition). Il s'agit, en clair, de calculer la probabilité que la personne trouvant la carte du client Alfred tente sa chance et parvienne à trouver le code. Or, on vient de démontrer dans le C qu'une personne qui ne connaît pas le code a 3 chances sur 10 000 de réussir à retirer de l'argent. La probabilité que le client Alfred voit son compte débité est alors bien plus faible que 3/10 000 puisque pour se faire, la carte doit être entre les mains d'un esprit malintentionné (1 chance sur 10 000) qui, de surcroît, aura l'immense chance de trouver le bon code (3 chance sur 10 000).

2ᵉ méthode : la même chose que la 1ʳᵉ méthode mais en langage probabiliste

En reprenant la même démarche que pour invalider la proposition B, on montre que :

Si « le client voit son compte débité contre son gré » est réalisé alors « le code a été trouvé » est réalisé. En notant A, le premier de ces événements et B le second, on aura alors $A \Rightarrow B$ avec $A \neq B$ et donc $P(A) < P(B)$ d'après la règle énoncée en B.

Or, $P(B) = 3/10\ 000$ d'après C. Donc $P(A) < 3/10\ 000$

3ᵉ méthode : avec la démarche habituelle, sans trop réfléchir

Pour ceux qui ne sont pas encore sûrs à 100 % de la validité de leur logique, on déroule la démarche vue précédemment en nommant d'abord les événements suivants :

T : « la personne trouvant la carte tente sa chance au guichet »

Z : « le client Alfred voit son compte débité »

On traduit l'hypothèse de l'énoncé :

$$P(T) = \frac{1}{10\ 000}$$

On traduit également la proposition de l'énoncé :

$$P(Z) = \frac{3}{10\ 000}$$

On réfléchit et on constate que pour calculer la probabilité de Z, à l'aide de T, on peut appliquer la formule des probabilités totales à l'aide de $(T\ ;\ \overline{T})$.

RAPPEL DE COURS

Formule des probabilités totales :

$$P(A) = P(B) \times P_B(A) + P(\overline{B}) \times P_{\overline{B}}(A)$$

Par application directe de la formule, on obtient :

$$P(Z) = P(T) \times P_T(Z) + P(\overline{T}) \times P_{\overline{T}}(Z)$$

Or, $P_T(Z)$ est finalement la probabilité qu'une personne ne connaissant pas le code puisse retirer de l'argent. D'après le C, cette probabilité vaut $\frac{3}{10\,000}$. Par ailleurs, $P_{\overline{T}}(Z)$ est clairement égale à 0 (je ne l'expliquerai pas pour vous inciter à raisonner !).
On conclut alors :

$$P(Z) = \frac{1}{10\,000} \times \frac{3}{10\,000} \neq \frac{3}{10\,000}$$

Les trois méthodes conduisent à la même conclusion.

Réponse : FAUX

14 Mathématiques

Cas pratique : trinômes du second degré

Énoncé

Considérons la fonction et l'équation suivantes :

$f_m(x) = mx^2 + 2mx - m - 4$ et (E) : $f_m(x) = 0$

(A) Si m appartient à $]-2\ ;\ 0[$, $f_m(x)$ est négatif

(B) Pour $m = -2$, (E) admet une solution unique égale à 1

(C) Si $m < -4$ alors (E) admet deux racines distinctes dont le produit vaut : $-\left(1 + \frac{4}{m}\right)$

(D) Si (E) admet deux racines distinctes x_1 et x_2 telles que $x_1 < x_2$, alors : $f_m(x) \leq 0$ sur $[x_1\ ;\ x_2]$

Correction détaillée

Ce type d'exercice est redouté des candidats qui souvent font la confusion entre l'inconnue (x) et le paramètre (m). Entendons-nous bien, m est ici un paramètre : selon sa valeur, l'équation aura soit aucune, soit une, soit deux solutions distinctes. Avant de rentrer dans le vif du sujet, rappelons de façon synthétique le cours.

RAPPEL DE COURS

Considérons : $f(x) = ax^2 + bx + c$ et (E) : $f(x) = 0$ $\Delta = b^2 - 4ac$

1er cas : si $\Delta < 0$

- (E) n'admet pas de solution réelle
- $f(x)$ est du même signe que a

2e cas : si $\Delta = 0$

- (E) admet une racine double $x_0 = -\dfrac{b}{2a}$
- $f(x)$ est du même signe que a

3e cas : si $\Delta > 0$

- (E) admet deux racines distinctes $x_1 = \dfrac{-b - \sqrt{\Delta}}{2a}$; $x_2 = \dfrac{-b + \sqrt{\Delta}}{2a}$
- $f(x)$ est du même signe que a à l'extérieur des racines
- $x_1 + x_2 = \dfrac{-b}{a}$ et $x_1 x_2 = \dfrac{c}{a}$

Attaquons à présent ! On constate d'abord que lorsque $m = 0$, l'équation n'a pas de sens. Calculons à présent le discriminant :

$$\Delta = (2m)^2 - 4m(-m - 4) = 8m^2 + 16m = 8m(m + 2)$$

Pour étudier le signe du discriminant, on fait un tableau de signe :

m	$-\infty$		-2		0		$+\infty$
$8m$		$-$		$-$	0	$+$	
$m+2$		$-$	0	$+$		$+$	
Δ		$+$	0	$-$	‖	$+$	

On peut à présent distinguer 3 cas, comme le rappel nous le suggère.

1er cas : si $m \in \,]-2\,;\,0[$

Dans ce cas, le discriminant est négatif, (E) n'admet pas de solution et $f_m(x)$ est du même signe que m c'est-à-dire négatif puisque $m \in \,]-2\,;\,0[$. **La proposition A est donc vraie.**

2e cas : si $m = -2$

Dans ce cas, $\Delta = 0$ donc (E) admet une unique solution (racine double) égale à -1. **La proposition B est donc fausse.**

3e cas : si $m \in\ ]-\infty\,;-2[\ \cup\ ]0\,;+\infty[$

Dans ce cas, $\Delta > 0$ et (E) admet deux racines distinctes x_1 et x_2

et $x_1x_2 = \dfrac{-m-4}{m} = -\left(1+\dfrac{4}{m}\right)$. Lorsque $m < -4$, $m \in\ ]-\infty\,;-2[\ \cup\ ]0\,;+\infty[$ donc **la proposition C est vraie**. Enfin, si (E) admet deux racines distinctes x_1 et x_2 telles que $x_1 < x_2$, alors nécessairement $m \in\ ]-\infty\,;-2[\ \cup\ ]0\,;+\infty[$ ce qui signifie d'après le cours que $f_m(x)$ est du signe de m à l'extérieur des racines, donc du signe de $-m$ à l'intérieur des racines c'est-à-dire sur $[x_1\,;x_2]$. Ainsi $f_m(x) < 0$ si $m > 0$ et $f_m(x) > 0$ si $m < -2$. **La proposition D est donc fausse.**

Bilan : VFVF

15 Mathématiques

Cas pratique : fonction exponentielle

Énoncé

Soit f la fonction définie sur $[0\ ;+\infty[$ par :

$f(x) = \dfrac{x^2+x+1}{x^2} e^{-1/x}$ pour $x > 0$ et $f(0) = 0$

Soit (C), sa courbe représentative.

(A) La dérivée de f vérifie : $f'(x) = \dfrac{x-1}{x^4} e^{-1/x}$ pour $x > 0$

(B) La droite d'équation $y = 1$ est asymptote à (C)

(C) La tangente à (C) au point d'abscisse 1 a pour équation $y = 3/e$

(D) $\lim\limits_{\substack{x \to 0 \\ x>0}} \dfrac{f(x)-f(0)}{x} = 0$

Correction détaillée

Les exercices de ce type tombent tous les ans. Ce sont le plus souvent des applications directes du cours ou bien des calculs de limites qui répondent aux règles de croissances comparées évoquées dans l'exercice type autour du logarithme. Ici, pour bien aborder l'exercice, il est d'abord nécessaire de rappeler les notions de cours à mobiliser.

RAPPEL DE COURS

- $\left(\frac{f}{g}\right)' = -\frac{f'g - fg'}{g^2}$
- $(uv)' = u'v + uv'$
- $(e^u)' = u' \times e^u$
- $\lim\limits_{x \to \pm\infty} \frac{a + bx + \ldots + cx^n}{a + ex + \ldots + fx^p} = \lim\limits_{x \to \pm\infty} \frac{cx^n}{fx^p}$ (autrement dit, la limite en $\pm\infty$ d'un quotient de polynômes est égale à la limite du quotient des monômes de plus haut degré)
- Si $\lim\limits_{x \to \pm\infty} f(x) = a$ alors on dit que la courbe représentative de f admet une asymptote horizontale en $\pm\infty$ d'équation $y = a$
- Équation de la tangeante à C au point d'abscisse a : $\Delta : y = f'(a)(x - a) + f(a)$

Proposition (A)

On se lance dans un calcul un peu pénible de dérivé puisqu'il y a à la fois un quotient, une multiplication et une fonction composée… En appliquant les trois premières formules du rappel de cours, on obtient alors, pour $x > 0$:

$$f(x) = \frac{x^2(2x+1) - 2x(x^2+x+1)}{x^4} \times e^{-1/x} \frac{x^2+x+1}{x^2} \times \frac{1}{x^2} \times e^{-1/x}$$

c'est-à-dire :

$$f(x) = \frac{1-x}{x^4} \times e^{-1/x}$$

Réponse : FAUX

Proposition (B)

On se sert de la règle sur la limite du quotient d'un polynôme et l'on a :

$$\lim_{x \to +\infty} \frac{x^2+x+1}{x^2} = 1$$

Par ailleurs, $\lim\limits_{x \to +\infty} e^{-1/x} = \lim\limits_{x \to 0} e^x = 1$

donc finalement : $\lim\limits_{x \to +\infty} f(x) - 1 = 0$

(C) admet donc bien pour asymptote la droite d'équation $y = 1$

Réponse : VRAI

Proposition (C)

En appliquant la formule de l'équation de la tangente (voir rappel) au point d'abscisse 1, on trouve aisément à l'aide de la dérivée l'équation $y = 3/e$

Réponse : VRAI

Proposition (D)

On a : $\dfrac{f(x)-f(0)}{x} = (x^2+x+1) \times \left(\dfrac{1}{x}\right)^3 \times e^{-1/x}$

Or, par les croissances comparées, on a : $\lim\limits_{x\to 0} \left(\dfrac{1}{x}\right)^3 \times e^{-1/x} = \lim\limits_{x\to 0} X^3 e^{-x} = 0$

(n'oubliez pas, l'exponentielle l'emporte sur tout !)

Et comme $\lim\limits_{x\to 0} (x^2+x+1) = 1$, on conclut que $\lim\limits_{\substack{x\to 0\\ x>0}} \dfrac{f(x)-f(0)}{x} = 0$

Réponse : VRAI

16 Mathématiques

Cas pratique : systèmes d'équations linéaires

Énoncé

Soit le système (S) suivant dont les inconnues sont x, y et z et les paramètres réels sont a et b :

$$\begin{cases} 4x + 4y + 4z - 2 = 0 \\ 2x + 2y + 4bz - 2b = 0 \\ x + ay + z - 2a = 0 \end{cases}$$

(A) Si $(a\,;b) = \left(0\,;\frac{1}{2}\right)$ alors (S) admet au moins deux solutions

(B) Si $a = 1$, (S) n'admet pas de solution

(C) (S) admet une solution unique si et seulement si $(a\,;b) \neq (0\,;0)$

(D) Si $a = 0$ et $b \neq \frac{1}{2}$ alors (S) a pour solution $\left(-\frac{1}{2}\,;\frac{1}{2}\,;\frac{1}{2}\right)$

Correction détaillée

Ce type d'exercice est récurrent aux concours ACCÈS : avec l'entraînement et un peu de lucidité, on parvient le plus souvent à éviter les transformations sur les lignes qui sont bien souvent fastidieuses. Un conseil donc : à chaque étape, posez-vous quelques secondes pour prendre de la hauteur et trouver le chemin le plus court. Dans 99 % (voire 100 %…) des cas, il y a une astuce qui permet de balayer le problème très rapidement.

Premier réflexe que nos souvenirs de sixième ont gravé en nous à jamais : on met à gauche les inconnues, à droite le reste, ce qui donne :

$$(S) \Leftrightarrow \begin{cases} 4x + 4y + 4z = 2 \\ 2x + 2y + 4bz = 2b \\ x + ay + z = 2a \end{cases}$$

On se rend compte qu'on peut aussi diviser par 2 les deux premières équations :

$$(S) \Leftrightarrow \begin{cases} 2x + 2y + 2z = 1 \\ x + y + 2bz = b \\ x + ay + z = 2a \end{cases}$$

Nous pouvons à présent attaquer la validation des propositions de l'énoncé.

Proposition (A)

Si $a = 0$ et $b = \dfrac{1}{2}$, (S) devient :

$$(S) \Leftrightarrow \begin{cases} 2x + 2y + 2z = 1 \\ x + y + z = \dfrac{1}{2} \\ x + z = 0 \end{cases}$$

Les deux premières équations sont les mêmes (à un facteur près) donc :

$$(S) \Leftrightarrow \begin{cases} x + y + z = \dfrac{1}{2} \\ x + z = 0 \end{cases}$$

En remplaçant $x + z$ par 0 dans la première équation, on conclut :

$$(S) \Leftrightarrow \begin{cases} y = \dfrac{1}{2} \\ z = -x \end{cases}$$

Le système (S) admet donc une infinité de solutions. Et donc, *a fortiori*, le système admet au moins deux solutions.

Réponse : VRAI

Proposition (B)

Si $a = 1$, alors :

$$(S) \Leftrightarrow \begin{cases} 2x + 2y + 2z = 1 \\ x + y + 2bz = b \\ x + y + z = 2 \end{cases}$$

En multipliant la ligne 3 par 2, on a alors :

$$(S) \Leftrightarrow \begin{matrix} 2x + 2y + 2z = 1 \\ x + y + 2bz = b \end{matrix}$$

$$\begin{cases} \\ \\ 2x + 2y + 2z = 4 \end{cases}$$

Les lignes 1 et 3 sont contradictoires : le système n'admet donc pas de solution.

Réponse : VRAI

▶ Proposition (C)

Nous avons deux possibilités ici. L'une, longue et fastidieuse, consiste à résoudre le système intégralement. L'autre, beaucoup plus astucieuse, consiste à voir ce qu'il se passe lorsque a et b sont nuls.

On a dans ce cas :

$$(S) \Leftrightarrow \begin{cases} 2x + 2y + 2z = 1 \\ x + y = 0 \\ x + z = 0 \end{cases}$$

C'est-à-dire :

$$(S) \Leftrightarrow \begin{cases} 2x - 2x - 2x = 1 \\ y = -x \\ z = -x \end{cases}$$

Et finalement :

$$(S) \Leftrightarrow \begin{cases} x = -\dfrac{1}{2} \\ y = \dfrac{1}{2} \\ z = \dfrac{1}{2} \end{cases}$$

Ainsi, la proposition C est fausse.

Réponse : FAUX

▶ Proposition (D)

Si $a = 0$ et $b \neq \dfrac{1}{2}$ alors :

$$2x + 2y + 2z = 1$$

$$(S) \Leftrightarrow \begin{cases} \\ x + y + 2bz = b \\ x + z = 0 \end{cases}$$

On s'aperçoit qu'on peut faire disparaître aisément x et y dans la deuxième ligne (notée L2), à l'aide de la ligne 1 (notée L1) en remplaçant L2 par L1 – 2L2 et on a :

$$(S) \Leftrightarrow \begin{cases} 2x + 2y + 2z = 1 \\ (2 - 4b)z = 1 - 2b \\ z = -x \end{cases}$$

Puisque, par hypothèse, $b \neq 1/2$, $1 - 2b$ est non nul donc par division dans L2, on a :

$$(S) \Leftrightarrow \begin{cases} 2x + 2y + 2z = 1 \\ z = \dfrac{1 - 2b}{2 - 4b} = \dfrac{1}{2} \\ z = -x \end{cases}$$

On conclut, après calcul :

$$(S) \Leftrightarrow \begin{cases} x = -\dfrac{1}{2} \\ y = \dfrac{1}{2} \\ z = \dfrac{1}{2} \end{cases}$$

Réponse : VRAI

2 SYNTHÈSE

3 heures pour réduire un dossier de 14 pages à 350 mots

La synthèse ACCÈS est d'abord une réduction de textes. Il faut savoir fournir les idées essentielles de façon ordonnée et précise.

Dans le concours ACCÈS, le coefficient attribué à la synthèse est légèrement plus faible que celui attribué au raisonnement logique et mathématiques. Il devance nettement ceux de l'épreuve d'ouverture culturelle et d'anglais.

Épreuves : durées et coefficients	ESDES	ESSCA	IÉSEG
Synthèse (3 h)	7	6	7
Raisonnement logique et mathématiques (2 h 30)	6	9	9
Anglais (45 min)	7	5	4
Nombre de places	200	850	800

17 Synthèse

Le dossier

Le dossier de synthèse présente les caractéristiques suivantes :

Nombre de documents	12 textes 1 image : dessin humoristique ou reproduction d'œuvres d'art
Nombre de pages	Environ 14
Nature des textes	Extraits d'ouvrage Articles de presse spécialisée, notamment *Sciences Humaines* Articles de presse généraliste Interview Articles d'encyclopédie Texte littéraire/philosophique (1 seul texte par dossier)
Présentation des textes	L'auteur, les sources sont fournies à la fin de chaque texte
Thèmes	2022 : les fake news 2021 : la créativité 2019 : la fête 2018 : l'autorité parentale 2017 : la mémoire 2016 : le consumérisme 2015 : les liens entre les femmes et les hommes 2014 : les civilisations 2013 : le travail 2012 : la liberté de la presse

Les textes sont denses car ils sont souvent retravaillés par le concepteur du dossier pour les raccourcir, enlever les références, les trop nombreuses citations…

18 Synthèse

Les consignes

La première page du sujet comporte des consignes précises qu'il faut respecter :

Consignes	Explications
Respecter l'orthographe et la syntaxe de la langue française	**Le concours ACCÈS est très sélectif.** Les candidats qui font des fautes sont très fortement pénalisés. Vous disposez de 3 heures pour écrire 350 mots (une quarantaine de lignes), vous avez largement le temps de vous relire. Dès lors, les fautes ne sont pas admises.
Soigner la calligraphie	Votre lecteur n'a pas l'obligation de lire votre copie dans son intégralité, si la calligraphie l'oblige à déchiffrer chaque mot. Chaque année des candidats ont 0/20 car la copie est illisible.
Ne pas donner son avis sur le sujet proposé	**Aucune connaissance extérieure ne doit être ajoutée.** Aucun avis personnel n'est autorisé. Vous devez vous en tenir strictement aux propos tenus dans le dossier.
Ne pas faire référence à un document en indiquant son numéro d'ordre, son auteur, son titre	Si dans un texte de votre dossier, vous avez trouvé comme idée essentielle « la liberté d'information s'oppose à la liberté d'expression », vous devez écrire directement dans votre copie : « La liberté d'information s'oppose à la liberté d'expression ». Vous ne devez pas écrire en indiquant le numéro du document : « La liberté d'information s'oppose à la liberté d'expression (doc. 3) »

	Ni mentionner l'auteur : « Selon Raphaël Meyssan, la liberté d'information s'oppose à la liberté d'expression » Ni donner la référence du texte : « Dans le texte, *La fabrique du consentement*, il est expliqué que la liberté d'information s'oppose à la liberté d'expression » **Vous devez reprendre directement les idées tirées des documents.**
Mettre un signe * après chaque groupe de 50 mots	Si vous oubliez de mettre les étoiles tous les 50 mots, votre copie n'est pas corrigée et vous avez 0/20.
Noter le nombre total de mots dans le cadre prévu sur votre copie et vérifier. Le décompte des mots est systématiquement vérifié par les correcteurs.	Les copies fournies, possèdent un petit rectangle dans lequel vous indiquez le nombre de mots que contient votre copie.

Pour bien vous faire comprendre l'importance de respecter ses consignes, deux phrases sont ajoutées :

« Le barème de correction prend en compte tous ces éléments. »

et

*« Le non-respect de l'une au moins des consignes est **fortement pénalisé**. »*

Comme vous pouvez le constater, ces consignes sont précises et claires.

À vous de les respecter pour mettre toutes les chances de votre côté.

19 Synthèse

Les attentes du jury

Dans ce concours, le jury s'attend à ce que le candidat respecte parfaitement les consignes données sur :

1. **Le respect du nombre de mots et son comptage ;**

2. **La nature de l'exercice : une synthèse n'est pas une suite de résumés ;**

3. **L'objectivité : vous devez intégrer tous les documents, même s'ils n'ont pas tous le même intérêt. Vous ne devez pas opérer de choix ;**

4. **La neutralité : vous ne devez pas donner votre avis ;**

5. **Le respect de la langue : vous ne devez pas faire de faute d'orthographe ou de syntaxe ;**

6. **La construction du devoir : vous devez structurer votre propos autour d'un plan.**

20 Synthèse

La gestion du temps

Étapes	Actions	Temps
Découverte du dossier	✓ Lire les consignes ✓ Trouver le thème du dossier ✓ Survoler le dossier ✓ Choisir l'ordre d'étude des documents	**5 minutes**
Prise de notes	✓ Prendre des notes	**1 h 15**
Élaboration du plan	✓ Regrouper les informations ✓ Élaborer le plan ✓ Trouver les titres des parties	**20 minutes**
Rédaction	✓ Faire un premier jet au brouillon ✓ Réduire à 350 mots ✓ Recopier	**1 h 15**
Relecture	✓ Chercher les fautes en commençant la lecture par la fin	**5 minutes**
		3 h

21 Synthèse
La découverte du dossier

1. Trouver le thème du dossier

Comme les dossiers ACCÈS n'ont ni sommaire, ni question… votre premier souci est de trouver le thème du dossier.

Pour cela, **lisez rapidement la première phrase de chaque texte**. Vous verrez apparaître le même mot dans environ la moitié des textes ; c'est le thème de votre dossier.

> Exemple : annale 2011
>
> Les premières phrases de chaque texte sont les suivantes :
>
> Document 1 : « En vieillissant, notre rapport à la gratuité évolue. »
>
> Document 2 : « Annoncée lors de la campagne électorale, par les deux candidats au second tour, selon les mêmes formulations, la promesse de mettre en place la gratuité dans les musées nationaux relève de la décision politique… »
>
> Document 3 : « Dans le passé, était mécène celui qui aimait l'art et les artistes et en devenait le protecteur. »
>
> Document 4 : « La question des frais de scolarité dans les établissements français d'enseignement supérieur mérite d'être posée pour au moins trois motifs. »
>
> Document 5 : « À peine lancée à Paris, en février et mars 2002, la presse quotidienne gratuite rejoignait les caniveaux, sa destination naturelle, à écouter alors un grand nombre de voix dans les médias. »
>
> Document 6 : « En règle générale, le consommateur a perdu beaucoup de lisibilité sur les prix. »
>
> Document 7 : « Aujourd'hui, parlons de Wikipédia. Wikipédia est une encyclopédie particulière, en ligne sur Internet, gratuite et multilingue que nous sommes nombreux à utiliser sans cesse. »
>
> Document 8 : « La nature est, entre autres choses, un stock de ressources pour la vie humaine. »
>
> Document 9 : « Grâce aux progrès de la médecine, un nombre croissant de patients est éligible à la transplantation d'un rein. »
>
> Document 10 : « Sheryl Crow a bien sûr tout avantage à ce que ses fans détournent ses albums et en gravent des copies pour leurs amis. »
>
> Document 11 : « Google permet aux éditeurs de limiter le nombre d'accès gratuit à leurs articles. »
>
> Document 12 (le dessin humoristique) a pour titre : « Un abonnement gratuit à un quotidien pour tous les jeunes de 18 ans ».
>
> **Sur les 12 documents, 6 ont le mot « gratuit » ou le mot « gratuité » dans leur première phrase. Le thème de ce dossier est donc la gratuité.**

2. Survoler

Le dossier ACCÈS n'est pas organisé ; **les textes sont positionnés de façon aléatoire**.

Le survol est, en conséquence, une étape essentielle car elle vous permet de **classer votre dossier**. Vous pourrez ainsi rapprocher les documents qui semblent traiter du même sous thème.

3. Comment survoler ?

Il s'agit de regarder toutes les pages de votre dossier et de lire le premier et le dernier paragraphe de chaque texte et la première ligne de chaque paragraphe.

En effet, les textes qui vous sont donnés sont toujours très structurés. Ainsi, les auteurs :

- débutent tous leurs propos en faisant une introduction ;
- marquent l'articulation de leur pensée en début de paragraphe par des mots de liaison ;
- rédigent une conclusion qui reprend l'essentiel.

Les sources, le nom de l'auteur, de la revue ou du titre du livre, la date… vous donnent des indications sur le niveau de difficulté du document.

Cette lecture ne vous permet pas de prendre connaissance du contenu, mais vous donne une idée du type d'informations qu'il y a dans le texte.

Vous avez aussi une idée de la tonalité du texte (critique, ironique, humoristique…) et de son niveau de difficulté.

Vous pouvez matérialiser cette lecture en annotant le document, en soulignant certains mots, et surtout en notant à côté du titre la ou les idées principales que vous avez trouvées.

Intéressez-vous aussi au dessin qui est souvent le dernier document du dossier : il constitue un bon résumé de l'idée principale.

4. Classer le dossier

À la suite de ce survol, **vous devez choisir dans quel ordre vous allez étudier votre dossier**.

En effet, il est plus judicieux d'étudier les textes qui traitent du même sujet les uns à la suite des autres.

De même, il est préférable de traiter en premier les textes qui semblent importants, c'est-à-dire les textes qui traitent le sujet dans sa globalité.

Le premier document n'est pas toujours le document le plus intéressant ; si vous ne hiérarchisez pas les documents, vous risquez de perdre du temps en prenant des notes sur un document finalement peu intéressant.

Cette première étape de découverte du dossier n'est pas une perte de temps : elle vous en donne **une vision globale du dossier** qui est absolument nécessaire à sa bonne compréhension.

22 Synthèse

La prise de notes

Il s'agit maintenant de **sélectionner les informations** qui se retrouveront dans votre copie, et uniquement ces informations.

Vous allez donc relever les idées essentielles pour chaque document.

Vous devez **prendre des notes sur chaque document** : il n'y a pas de document inutile ! Mais tous les documents n'ont pas la même importance et ne produisent pas le même volume de notes.

Votre prise de notes doit faire 2 ou 3 pages au maximum car vous êtes limités à 350 mots. Il est donc **inutile de faire une prise de notes trop longue**.

Si vous prenez trop de notes, vous serez obligé de refaire un second tri, ce qui est une perte de temps et entraîne toujours de la confusion.

Les documents les plus généraux fournissent plus d'informations. En revanche, les documents qui n'abordent qu'une facette du dossier peuvent ne produire qu'une seule ligne de notes.

Comment prendre des notes ?

Il existe deux façons de prendre des notes :

- **Les notes rédigées :** il s'agit d'écrire directement des phrases grammaticalement correctes, des phrases-synthèses, qu'il faudra ensuite lier et replacer dans votre plan ;
- **Les notes synthétiques :** il s'agit de relever des groupes de mots avec des tirets, sans faire de phrases. Veillez cependant à noter des verbes que vous utiliserez lors de la rédaction, faute de quoi vous aurez des difficultés pour bâtir vos phrases.

Quoi qu'il en soit, votre prise de notes doit faire apparaître des liens de cause à effet, d'explication… entre les informations notées.

Concrètement, vos notes peuvent s'organiser de la façon suivante :

Doc	Idées essentielles	Notes personnelles
Là, vous notez le numéro de votre document	Là, vous notez les idées principales de chaque document. Vous pouvez rédiger directement des phrases synthèse. Vous pouvez aussi prendre des notes de façon plus synthétique.	Vous mettez des mots-étiquettes*, qui permettront, par la suite de bâtir votre plan.

* exemple de mot-étiquette : « causes », « conséquences », « problèmes », « solutions », « limites » …

23 Synthèse
Le plan

Le plan, en synthèse, doit déjà être envisagé comme une organisation des notes que vous avez relevées. Toutes les notes prises lors de la phase précédente doivent trouver leur place dans votre plan détaillé.

Vous avez le choix entre **un plan en 2 ou en 3 parties**. Le corrigé type proposé chaque année par les organisateurs du concours, n'envisage pas une autre option.

Vous regroupez vos notes :

- soit de façon thématique,
- soit de façon dialectique (pour/contre, avantages/inconvénients, atouts/limites…).

Vous veillez au bon équilibre de l'ensemble.

Chaque document (même le dessin) doit trouver sa place.

Il faut ensuite nommer les parties. En effet, les titres sont nécessaires pour annoncer clairement votre plan en fin d'introduction.

Vous devez ensuite établir des liens entre les idées secondaires. Ce travail vous évite de simplement les juxtaposer entre elles. Il ne suffit pas de placer à la suite les idées qui se ressemblent, il faut lier les idées issues de documents différents, pour donner du sens à l'ensemble de la partie.

La note finale qui vous sera attribuée dépend beaucoup de la qualité de ce travail.

Certains textes ne sont utilisés qu'une seule fois dans votre copie.

D'autres textes (2 ou 3 dans chaque dossier) peuvent être placés à plusieurs endroits de votre plan.

1. Structure de l'introduction

Introduction **40 mots environ**	3 phases : **1.** annonce du thème en utilisant un document **2.** problématique sous forme de question **3.** annonce de plan

Exemple d'introduction rédigée (annale 2011, la gratuité)

« Les jeunes actuels hésitent à donner de leur personne à une grande cause. C'est qu'ils baignent dans une logique économique qui se généralise. Cette loi de la rentabilité ferait-elle disparaître tout geste gratuit ? La gratuité demeure aujourd'hui ; ambiguë, elle forge toutefois des valeurs essentielles. »

Phase 1 : « Les jeunes actuels hésitent à donner de leur personne à une grande cause. C'est qu'ils baignent dans une logique économique qui se généralise ».

L'auteur de ce corrigé utilise le document 1 pour introduire le thème.

Phase 2 : « Cette loi de la rentabilité ferait-elle disparaître tout geste gratuit ? ». C'est la problématique, présentée sous forme de question.

Phase 3 : « La gratuité demeure aujourd'hui ; ambiguë, elle forge toutefois des valeurs essentielles. » Cette phrase annonce les trois parties du devoir.

1. **La gratuité existe encore aujourd'hui**
2. **Elle est ambiguë**
3. **Elle véhicule des valeurs**

2. Structure du développement

Développement **270 mots maximum :** 2 × 135 mots si vous optez pour un plan en 2 parties 3 × 90 mots si vous choisissez un plan en 3 parties	Chaque partie doit être organisée comme une démonstration : – Annonce de l'idée principale – Arguments

Exemple d'une partie rédigée (annale 2011, la gratuité – 3e partie)

« Malgré ces ambiguïtés, la gratuité rappelle à l'homme que tout n'est pas monnayable. Elle l'invite à reconsidérer son rapport à la nature, en lui signifiant que celle-ci offre quantité de services gratuits, mais vitaux*, qui vont de la biodiversité aux équilibres écologiques. Elle lui redit que son travail, au-delà des impératifs économiques, revêt un sens qui transcende les lois du marché. Elle lui octroie enfin sa dignité humaine ; un homme ne saurait en effet ni se vendre ni s'acheter, ce qui justifie* la gratuité du don d'organes. »

L'idée de ce dernier paragraphe est clairement énoncée au début : « Malgré ces ambiguïtés, la gratuité rappelle à l'homme que tout n'est pas monnayable ».

Le reste de la partie utilise trois idées tirées de trois documents différents pour former un tout logique.

3. Structure de la conclusion

Conclusion **40 mots environ**	Interdiction de récapituler l'ensemble du propos. Mais il est possible de reformuler d'une phrase l'idée essentielle du dossier. Ouverture en utilisant 1 ou 2 textes du dossier.

Exemple de conclusion (annale 2013 – Le travail)

« Reflet de notre société, le travail est une valeur instable, fluctuante, contradictoire. Il est devenu un univers ambigu, flou, au point qu'on ignore même ce que font exactement certains salariés dans leurs fonctions*. »

Cette conclusion est constituée de deux documents. Vous constatez qu'elle ne récapitule pas l'ensemble du développement. L'auteur a utilisé le texte qui récapitule le mieux la vision actuelle du travail : « Reflet de notre société, le travail est une valeur instable, fluctuante, contradictoire ». Ce n'est pas une appréciation personnelle, c'est une idée contenue dans un document.

Il a choisi ensuite un texte particulier qui traduit la difficulté à cerner le travail : « on ignore même ce que font exactement certains salariés dans leurs fonctions ».

Finalement, l'auteur de cette conclusion établit le lien entre les deux textes : « au point qu' ».

24 Synthèse

La rédaction

La principale contrainte tient dans le respect des 350 mots.

Vous avez une marge de 10 %, soit entre 315 et 385 mots. Pour obtenir une note optimale, il faut viser les 350 mots, cela plaît beaucoup aux correcteurs.

Vous ne devez jamais faire référence aux documents, même entre parenthèses, ni citer les auteurs.

Le comptage des mots est fastidieux, mais vous devez en passer par là puisque vous devez mettre une * tous les 50 mots.

Le mot

Les États-Unis = 3 mots

Cette proposition a-t-elle une chance d'aboutir ? = 9 mots

35 % = 1 mot

SNCF = 1 mot

1986 = 1 mot

C'est-à-dire = 4 mots

Toute lettre, séparée d'une autre est considérée comme un mot.

En revanche les signes de ponctuation (virgule, tiret, apostrophe…) ne comptent pas.

Les correcteurs ACCÈS sont particulièrement vigilants et toute erreur sera perçue comme une tentative de tromper votre lecteur. Ne prenez donc aucun risque et soyez honnête dans votre comptage.

Lors de la rédaction au **brouillon**, vous devez avoir pour objectif d'atteindre les 380/400 mots.

Ce travail sera ensuite bonifié par un exercice de réduction qui vous permettra d'atteindre les 350 mots désirés.

La phrase

Les phrases doivent être courtes : pas plus de trois lignes manuscrites.

Les phrases doivent être articulées : elles commencent par un mot de liaison (en effet, ainsi, en conséquence…).

Les phrases doivent contenir un vocabulaire précis, celui du dossier.

Pour être clair, votre propos doit être précis : il faut utiliser le vocabulaire présent dans les textes qui, bien souvent, n'a pas de synonyme.

Les citations sont interdites. En effet, une citation doit indiquer son auteur. Or, vous ne devez jamais citer les auteurs.

25 Synthèse

La réduction

Au brouillon, **vous devez réduire le nombre de mots afin d'atteindre les 350 mots.**

Vous devez donc utiliser les techniques suivantes :

Techniques	Exemples	Conseils
Remplacez les phrases de questionnement par des questions directes	Ainsi, il faut se demander si la créativité est réservée aux seuls artistes. (12 mots) Dès lors, la créativité est-elle réservée aux seuls artistes ? (8 mots)	C'est très pratique pour annoncer le plan en fin d'introduction et pour énoncer les problématiques en début de paragraphe. Ne pas abuser, se limiter à 3 ou 4 questions dans l'ensemble du devoir.
Bannissez les expressions voraces en mot : c'est-à-dire, il y a, c'est … qui	C'est la réduction des effectifs qui va permettre une meilleure rentabilité. (12 mots) Ainsi, la réduction des effectifs permettra une meilleure rentabilité. (8 mots)	Ce gain de mots vous permet souvent de pouvoir ajouter un mot de liaison.
Supprimez les propositions subordonnées et remplacez-les par des incises ou des participes présents	Le débat sur la transition énergétique, qui a été initié par Mme Batho… (13 mots) Le débat sur l'identité nationale, initié par Mme Batho… (10 mots) Les bloggeurs chinois qui craignent d'être emprisonnés à cause de leurs prises de positions, ont trouvé refuge au Japon (20 mots) Les bloggeurs chinois, craignant d'être emprisonnés pour leurs prises de positions, trouvèrent refuge au Japon (16 mots)	Certaines propositions subordonnées ne sont pas supprimables.

Techniques	Exemples	Conseils
Chassez « aller » et « faire », lorsqu'ils sont utilisés comme auxiliaires	va permettre = permettra fait penser = évoque	À utiliser sans modération, cela relève votre niveau de langue.
Chassez les mots superflus : adjectifs, adverbes…	Les tout premiers utilisateurs ont très vite compris… (8 mots) Les premiers utilisateurs ont vite compris… (6 mots)	Faites bien la différence entre ceux qui sont nécessaires parce qu'ils apportent une nuance, et ceux qui relèvent plus du tic d'écriture.
Utilisez les adverbes en -ment (à condition de savoir les orthographier)	Dans le même temps (4 mots) Concurremment (1 mot) Conjointement (1 mot) Parallèlement (1 mot)	Attention, c'est lourd, il faut donc user de ces adverbes avec parcimonie : 3 ou 4 dans l'ensemble du texte.
Utilisez judicieusement les signes de ponctuation : « : » indique une relation de cause à effet, il peut donc remplacer un mot de liaison	La mondialisation des produits culturels entraîne une uniformisation des goûts cinématographiques parce que le cinéma américain bénéficie de réseaux de distribution puissants. (22 mots) La mondialisation des produits culturels entraîne une uniformisation des goûts cinématographiques : le cinéma américain bénéficie de réseaux de distribution puissants. (20 mots)	

26 Synthèse
La copie au propre

La **mise en page** fait partie de la rédaction : elle facilite grandement la lecture de votre copie.

Utilisez tous les outils à votre disposition :

- Sautez une ligne entre l'introduction et le développement et entre le développement et la conclusion et entre les différentes parties du développement ;
- Utilisez le retrait : aller à la ligne et aller à la ligne avec un retrait n'a pas la même signification.

La recherche des fautes d'orthographe

Les dernières minutes doivent être consacrées à la recherche d'éventuelles fautes d'orthographe. Il faut garder à l'esprit que **les fautes sont très pénalisantes** et qu'un texte qui comporterait plus de 5 fautes a peu de chance d'être bien noté.

La faute est une gêne pour le correcteur qui est obligé d'interrompre sa lecture, pour chercher ce qui ne va pas dans la phrase ; c'est aussi une question de principe : les écoles de commerce ne peuvent pas délivrer de diplôme aux personnes qui ne maîtrisent pas les fondamentaux de la langue, compte tenu de vos futurs postes dans la hiérarchie de l'entreprise.

La synthèse offre un avantage indéniable : les mots utilisés dans votre devoir sont issus des textes.

Ainsi les fautes d'orthographe d'usage (consonnes redoublées, en/an, ss/t…) sont inadmissibles puisqu'il vous suffit de recopier les mots écrits dans les textes.

Les fautes qui sont les plus pénalisantes sont les confusions grammaticales (ont/on, à/a, peu/peut…). Elles ne sont jamais pardonnées car elles touchent à la structure même de la phrase, à son sens.

Quant aux fautes d'accord (sujet/verbe, nom/adjectif, participe passé…), il faudra veiller à ce qu'il n'en reste aucune.

Pour ce faire, **relisez votre texte en commençant par la dernière phrase**. Privée de sens, cette lecture vous obligera à vous concentrer sur les accords.

Vous en profiterez pour vérifier que votre écrit est bien accentué. En effet, toute faute d'accent est une faute d'orthographe.

27 Synthèse

Comment perdre des points ?

Certaines erreurs sont rédhibitoires aux yeux des correcteurs.

1. Ne pas respecter les consignes

Faire des fautes d'orthographe et/ou de syntaxe.

Ne pas compter les mots.

Donner son avis/Ajouter des informations extérieures au dossier.

> Toutes ces consignes sont inscrites sur la première page du dossier. Ne pas les respecter, c'est refuser d'entrer dans le cadre de l'épreuve.

2. Recopier les passages entiers des documents au lieu de reformuler

> Vous devez faire cet effort pour retranscrire les idées des textes sans en recopier des phrases entières.
>
> Pour autant, il faut demeurer neutre et objectif : reformuler ne signifie pas interpréter.

3. Ne pas utiliser tous les documents

> Il est facile de produire un texte de 350 mots en 3 heures si vous mettez de côté certains textes !
>
> En revanche, incorporer la totalité des documents (y compris le dessin) dans cet espace réduit de 350 mots est autrement plus difficile.
>
> Certains documents sont beaucoup plus délicats à placer que d'autres ; c'est précisément sur votre capacité à les intégrer dans votre copie que vous serez jugé.

4. Ne pas structurer sa copie

> La synthèse est, certes un exercice différent des dissertations ou commentaires réalisés durant votre scolarité, dans son contenu, mais dans sa forme, elle se rapproche de ces exercices : introduction, développement en 2 ou 3 parties et conclusion.

5. Faire une suite de résumés

> Juxtaposer les résumés des différents documents, sans établir des liens entre les textes, ne peut vous permettre d'obtenir une bonne note. Pour vous aider à comprendre la différence entre une suite de résumés et une synthèse, vous pouvez lire les corrigés-types mis en ligne sur le site internet du concours ACCÈS.

28 Synthèse

Comment gagner des points ?

1. Énoncer clairement une problématique dans l'introduction

Exemples de problématiques telles qu'elles sont énoncées dans l'introduction des corrigés officiels :

« Dans quelles mesures les libertés de l'information et de l'expression sont-elles aujourd'hui reconnues et effectives » (2012)

« Toute nouveauté technique suscite donc espoirs et inquiétudes. Qu'en est-il des innovations permanentes de la technologie numérique ? » (2009)

« Dans quelle mesure le travail peut-il être considéré comme une authentique valeur humaine ? » (2013)

« La nourriture se réduirait-elle à assurer la santé ? » (2008)

2. Densifier le propos

Les bonnes copies sont celles qui réussissent à fournir, dans le cadre des 350 mots, plus d'informations que les autres. Dans celles-ci, le propos est dense : cela signifie qu'il n'y a aucun mot superflu.

3. Adopter un style élégant

Un vocabulaire précis, une syntaxe variée (apposition, usage du point virgule…) permettent de produire un écrit plus élégant, plus léger, qui séduit, à coup sûr votre correcteur.

3 ANGLAIS

29 Anglais — Présentation

1. Format et contenu

L'épreuve écrite d'anglais ACCÈS se décompose en deux grandes parties.

La première ***grammar and vocabulary*** comporte 30 questions, elle-même comportant 4 items, visant à évaluer votre niveau de grammaire, vocabulaire et orthographe. Le niveau requis est celui atteint à la fin du lycée (soit le niveau B1 du référentiel Européen).

Exemple : question 10)

A. *What percentage of American children watch TV at night?*
B. *How many time do German children spend in front of their computer?*
C. *How many children did you see at school?*
D. *Where does she goes?*

Comme vous pouvez le constater, **les items sont groupés de manière assez arbitraire**, rien ne les lie grammaticalement, logiquement ou thématiquement. Pour chaque item, vous devez indiquer sur la grille de notation s'il est vrai en noircissant la case sous la lettre V, ou bien faux en noircissant la case sous la lettre F. Ce qui nous donne pour la question 10 :

La seconde partie ***reading comprehension*** comporte deux textes courts extraits d'articles de presse portant sur l'actualité internationale et des faits de société. Chaque texte est suivi de 10 questions de compréhension, comportant ici aussi 4 items. Le report des réponses sur la grille de notation obéit aux mêmes règles que dans la première partie.

2. Durée, coefficient et notation

L'épreuve dure 1 heure. L'attribution des points se fait selon les règles suivantes : vous disposez d'un capital de points au début de l'épreuve. Vous augmentez ce capital en donnant une bonne réponse ou en répondant correctement aux 4 items d'une question (système de bonus). Vous entamez ce capital en donnant une mauvaise réponse (pénalité P) ou en ne répondant pas (pénalité p). P est supérieur à p.

3. Conseils stratégiques

- **Gestion du temps :** l'appellation QCM est très trompeuse. En réalité vous devez traiter chacune des 4 propositions de chaque question de manière **indépendante**, ce qui signifie que vous devrez répondre à 50 × 4 = 200 questions et lire 2 textes courts en 1 heure. En imaginant que la lecture et l'analyse des deux textes vous prennent 10 minutes en tout, il ne vous restera que 45 minutes pour 200 questions, soit 13 secondes par item. Arrondissons à 10 secondes par item en prenant en compte le moment de relecture.

- **Report des réponses :** il est possible que vous n'ayez jamais été confronté à la grille de notation américaine. Une remarque de bon sens : écrivez au **crayon à papier** et munissez-vous d'une gomme. Les seules réponses admises seront celles qui obéissent aux règles énoncées plus haut. Vous ne pouvez pas, par exemple, barrer une première réponse erronée et entourer la réponse bonne. L'ordinateur qui va corriger votre examen ne connaît pas cette astuce.

- **En cas de doute :** sachant qu'une mauvaise réponse vous pénalise plus qu'une absence de réponse, il paraît évident qu'**il vaut mieux vous abstenir si vous doutez**. Une exception peut-être : si le bonus de points accordé à 4 bonnes réponses est à portée. Et encore, ce bonus ne vaut pas la peine de perdre 2 minutes sur un item. Gardez en tête le guide 1 question = 1 minute et notez le numéro des questions auxquelles vous n'avez pas répondu, ou sur lesquelles un doute subsiste, pour pouvoir plus facilement les retrouver à la fin de l'épreuve, s'il vous reste du temps. Mais soyons honnêtes : cette épreuve est difficile. Vous n'aurez probablement pas le temps de finir, ce qui n'augure en rien de vos chances de réussite. C'est un concours : vous devez « seulement » faire mieux que les autres candidats.

Partie *reading comprehension* : les textes sont dans l'immense majorité des cas tirés des publications classiques (magazines : *Time Magazine, Newsweek, The Economist* / Journaux : *New York Times, The Guardian, The Independent*). Vous savez donc où aller chercher des exemples pour vous entraîner. Un conseil le jour de l'épreuve : **lisez les questions avant de lire le texte correspondant**, car dans cette partie les items sont groupés par thème. Vous saurez ainsi où concentrer votre attention. De même n'hésitez pas à souligner des passages du texte ou à mettre en évidence sa structure logique : personne ne verra l'état de votre copie puisque vous ne rendez que la grille de notation.

30 Anglais

Conjugaison : les temps, leur formation et fonction

1. La construction des temps en anglais

La conjugaison anglaise obéit à des règles de construction qui ne varient jamais. Le verbe peut être mis à trois formes en anglais :

- La **base** (infinitif sans « *to* ») est toujours employée avec les modaux et l'auxiliaire « *to do* ».
- Le **gérondif** (base + « -ing ») est toujours employé avec l'auxiliaire « *to be* ».
- Le **participe passé** (base + « -ed » *ou troisième colonne des verbes irréguliers*) est toujours employé avec l'auxiliaire « *to have* ».

Nom du temps	Present	Past	Modaux
SIMPLE = *TO DO*	▶ ***Does*** *he work?* ▶ *He work**s***	▶ ***Did*** *he work?* ▶ *He work**ed***	▶ ***Will*** *he work?* ▶ *He **will** work*
CONTINUOUS = *TO BE*	▶ ***Is*** *he work**ing**?* ▶ *He **is** work**ing***	▶ ***Was*** *he work**ing**?* ▶ *He **was** work**ing***	▶ ***Would*** *you **be** work**ing**?* ▶ *He **would be** work**ing***
PERFECT = *TO HAVE*	▶ ***Has*** *she work**ed**?* ▶ ***She*** *has work**ed***	▶ ***Had*** *he work**ed**?* ▶ *He **had** work**ed***	▶ ***Should*** *he **have** work**ed**?* ▶ *He **should have** work**ed***
PERFECT CONTINUOUS = *TO HAVE + TO BE*	▶ ***Has*** *she **been** work**ing**?* ▶ *She **has been** work**ing***	▶ ***Had*** *he **been** work**ing**?* ▶ *He **had been** work**ing***	▶ ***Will*** *you **have been** work**ing**?* ▶ *He **will have been** work**ing***

2. La fonction des temps en anglais

A. Le *present simple*

Le *present simple* (auxiliaire « *do* ») est le **temps des généralités** :

- « *What **do** you **do**?* » (« que faites-vous dans la vie ?, quel est votre métier ? »).

L'action n'est connectée à aucun moment en particulier.

C'est aussi le **temps des habitudes** :

- « *I **play** tennis every Sunday.* » (« Je joue au tennis tous les dimanches. »)

On peut aussi employer le *present simple* pour un **futur certain** (que le locuteur envisage comme certain) :

- « *The plane **takes off** tomorrow at 10:15 am. Don't be late.* » (« L'avion décolle demain à 10 h 15. Soyez à l'heure. »)

B. Le *present continuous*

Le *present continuous* (auxiliaire « *be* »), à l'inverse, **connecte l'action au moment d'énonciation** : au moment où la phrase est prononcée, l'action est en train de s'accomplir. Elle a commencé et n'est pas terminée.

- « *Sarah **is watching** TV.* » (« Sarah est devant la télé en ce moment même. »)

⚠ **ATTENTION** L'astuce classique qui consiste à ajouter « en train de » vous pousse souvent à surinterpréter l'emploi de ce temps. Regardez :

- « *I **am watching** the first season of* Game of Thrones » n'implique absolument pas que vous soyez devant votre téléviseur quand vous prononcez cette phrase. Cela signifie juste que vous avez commencé la saison 1 et que vous ne l'avez pas encore terminée.

Le *present continuous* est aussi (rarement) le temps des **actions/situations futures planifiées** :

- « *I'm seeing my lawyer next week.* » (« J'ai rendez-vous avec mon avocat la semaine prochaine. »)

C. Le *past simple*, temps du récit

Oubliez tout de suite cette vieille idée que le *past simple* est le temps des actions terminées. C'est vrai, mais cela ne vous aidera jamais à choisir le bon temps (la plupart des actions exprimées par le *present perfect* sont elles aussi terminées).

Plus efficace : le *past simple* est le temps du récit. Il permet de se projeter dans le passé, sans prendre en compte le moment d'énonciation. Il s'accompagne systématiquement d'un repère temporel passé.

- « *I **visited** the Sagrada Familia **last month**. It's impressive.* »

Si vous trouvez dans vos questions de QCM les indications temporelles suivantes, vous devez employer le *past simple* :

- « *Ago* » → « *I last saw him 15 years ago.* »
- « *Yesterday* » → « *They called me yesterday.* »
- « *Last* » + période → « *I didn't go to the cinema last week/month/year.* »
- Les années révolues → « *The Berlin wall fell in 1989.* »
- Les siècles révolus → « *Electricity was discovered in the 19th century.* »

Le *past simple* est aussi le temps du présent irréel (voir fiche conditionnel).

- « *It's high time we left* » = il est grand temps que nous partions (et nous ne sommes pas en train de partir = présent irréel).

D. Le *present perfect*, temps du bilan

Inversement, le *present perfect* est le temps qui permet de récapituler. On peut se le représenter ainsi : vous êtes dans le moment présent mais regardez vers le passé. Il s'emploie en l'absence de repère temporel passé :

- « *I **have taken** four exams this month. I'm exhausted.* » (On ne sait pas quand vous avez passé ces concours et on s'en contrefiche. Ce qui importe, c'est le nombre et le résultat.)

⚠ **ATTENTION** Le verbe « *to go* » est porteur d'une difficulté.

- « *He **has gone to** work* » = il est parti au travail et y est encore.
- « *He **has been to** work* » = il est allé au travail et en est revenu. Notez la préposition « *to* » qui indique le déplacement.

Si vous trouvez dans vos questions de QCM les indications temporelles suivantes, vous devez employer le *present perfect* :

- « *Recently* » → « *I haven't seen him recently.* »
- « *Lately* » (dernièrement) → « *Economic news haven't been very good lately.* »
- « *Just* » → « *They have just come out of the building.* »
- « *Not yet* » → « *I haven't finished that report yet.* »
- « *Never* » (jamais de toute votre vie) → « *I've never eaten frogs.* »
- « *Already* » → « *When's John leaving?* » « *– He has already left.* »
- « *Today* » → « *She has had six coffees today.* »
- « *This* » + période → « *She has been to the cinema 4 times this week/month/year.* »
- « *It's the first time* » → « *It's the first time I've travelled by plane.* »

31 Anglais

Conjugaison : les verbes modaux

1. *Can, could, to be able to*

« *Can* » est le modal qui exprime une capacité physique ou intellectuelle :

▶ « *It's fine, you can throw him in the swimming-pool. He can swim.* »

Comme tous les modaux, il ne se conjugue pas. Si l'on souhaite utiliser un temps autre que le présent, on le remplace par « ***to be able to*** ».

▶ « *I'm learning to swim. In six months, I will be able to swim very easily.* »

« *Can* » peut aussi traduire la notion d'autorisation ou permission :

▶ « *You can't park your car in front of a garage door.* »

« *Could* », version conditionnelle de « *can* », s'emploie pour demander la permission de manière polie :

▶ « *Could I have a beer, please?* »

Ou pour parler de la capacité de manière hypothétique :

▶ « *If I had nothing to do, I could spend the rest of my life on the Internet.* »

2. *May, might, to be allowed to, to be likely to*

« *May* » est le modal qui permet de demander la permission de faire quelque chose :

▶ « *May I leave the table, please?* »

À la forme affirmative, il permet logiquement de dire que quelque chose est autorisé :

▶ « *Only paying guests may use the hotel swimming-pool.* »

Si l'on doit conjuguer à un temps autre que le présent, on emploie l'expression « ***to be allowed to*** » :

▶ « *East Germans were not allowed to leave East Germany until 1989.* »

« *May* » sert aussi à dire que quelque chose est probable :

▶ « *It may rain tomorrow* » signifie « il se peut qu'il pleuve demain ».

Si l'on doit conjuguer à un temps autre que le présent, on emploie l'expression « ***to be likely (to)*** » :

- « *I was hoping to get into this school, but it wasn't very likely* » signifie « J'espérais intégrer cette école, mais j'avais peu de chances ».

On ne prend pas vraiment parti en utilisant « *may* ». Prenez l'habitude de le traduire avec la tournure « il se peut que… » qui, elle aussi, est neutre.

« ***Might*** », conditionnel de « *may* », est de moins forte intensité. Il exprime donc l'idée qu'il y a peu de chances que quelque chose se produise, même si l'on ne peut pas dire que c'est impossible :

- « *I might be late to your party* » (= je pense arriver à l'heure mais il se pourrait que j'aie du retard).

3. *Must, should, to have to*

« *Must* » est le modal qui exprime l'obligation :

- « *I must learn my irregular verbs.* »

Comme tous les modaux, il ne se conjugue pas. Si l'on souhaite exprimer l'obligation au passé ou au futur, on emploie « *to have to* » :

- « *My car broke down yesterday. I had to walk back home.* »

Attention aux formes négatives. Traduisez systématiquement « *must* » par « devoir » (je dois/ je ne dois pas = interdiction) et « *to have to* » par « être obligé » (je suis obligé/je ne suis pas obligé = absence d'obligation).

« *Should* », conditionnel de « *must* », en est une version atténuée. Comme en français, il traduit l'idée de conseil :

- « *You really should quit smoking.* »

À la forme négative, il exprime le reproche :

- « *You shouldn't be here. This is private property.* »

« *Must* » permet aussi d'émettre des hypothèses avec une forte certitude :

- « *You haven't eaten for 12 hours. You must be starving* » = tu dois mourir de faim.

4. *Will* vs *to be going to*

« *Will* » et « *to be going to* » ont chacun deux emplois, selon que l'on se place dans le domaine de la **prédiction** ou de l'**intention**.

Expression de l'intention dans l'avenir

Quand on exprime l'intention d'un locuteur (vous ou un autre) dans l'avenir, « *will* » et « *to be going to* » distinguent respectivement les **décisions spontanées** des **intentions préméditées** :

- « *Julie is in the hospital.* »
- « *Really? I* ***will*** *go and visit her, then.* »

Vous venez d'apprendre que Julie est à l'hôpital. Votre décision de lui rendre visite est une **réaction** à cette nouvelle. À l'inverse :

- « *Julie is in the hospital.* »
- « *I know, it's awful!* ***I'm going to*** *visit her tomorrow.* »

Ici, au moment où vous parlez, vous avez déjà décidé de lui rendre visite. On trouve dans « *to be going to* » une notion de **préméditation**.

Prédiction d'événements futurs

Gardons en tête cette notion de préméditation, elle s'applique d'une certaine manière aussi dans ce domaine. En effet, là où « *will* » n'engage que votre **opinion**, « *to be going to* » indique que votre prédiction est fondée sur l'**enchaînement logique des événements**. Regardez attentivement :

- « *I believe that France* ***will*** *win the next World Cup.* » Au moment où cette phrase est prononcée, la coupe du Monde est dans deux ans. Vous n'avez aucun moyen de rendre cette prédiction plus sûre. **Vous n'exprimez que votre opinion en la matière**.
- Le match France-Italie en est à sa 88e minute. La France mène 7 buts à 1. « *That's it. France* ***is going to*** *win.* » Ici, **votre prédiction de victoire se base sur la situation actuelle**. À quelques minutes du coup de sifflet final, il semble difficile d'imaginer que la France puisse perdre.

⚠ **ATTENTION** Le dernier exemple pourrait vous amener à croire que « *to be going to* » ne s'emploie que pour le futur proche. Ce n'est pas le cas, on ne distingue pas réellement les futurs proche et lointain en anglais.

⚠ **ATTENTION** Les subordonnées temporelles futures sont toujours conjuguées à l'aide d'un temps présent *(simple, continuous* ou *perfect*). On n'emploie jamais « *will* » ou une autre tournure du futur.

- « *When you* ***earn*** *enough money, you will be able to buy a car.* »

32 Anglais

Conjugaison : la notion d'aspect

1. L'aspect *continuous*

L'auxiliaire « *be* » permet de connecter l'action ou la situation décrite au moment d'énonciation. Ce moment est souvent le moment présent (c'est le *present continuous*) mais peut aussi être déplacé ; il devient alors un point de repère pour l'énonciation.

A. Point de repère passé ou futur

On dira donc :

- « *I **saw** the film* Prometheus *yesterday* » (l'action est considérée seule).
- Mais « *Yesterday at 09:00 pm, I **was watching*** Prometheus » (l'action est mise en rapport avec le repère temporel « *09:00 pm* », moment où elle était en train de s'accomplir).

On peut de la même manière déplacer le repère temporel vers le futur :

- « *This time next week, I **will be relaxing** on a beach in Hawaï* » (vous savez exactement ce que vous serez en train de faire dans exactement une semaine).

B. Point de repère modal

Prenons un exemple pour poser la discussion :

- « *It's January. I am in Siberia. Of course **I'm freezing**!* » = je meurs de froid (figurativement, bien sûr).

Maintenant, imaginez que vous receviez un appel d'un ami qui vous annonce être en Sibérie. Vous pouvez facilement **déduire** qu'il est en train de mourir de froid. On peut utiliser « *must* » pour tirer la conclusion que votre ami **doit être en train** de mourir de froid :

- « *– Guess what* : *I'm in Siberia!* »
- « *– Wow, you **must be freezing**!* » (« *must* » = déduction logique, « *be* » = cette déduction s'applique au moment présent).

Tous les modaux peuvent être mis à l'aspect *continuous*.

- (À 5 minutes de la fin de l'examen) « *You **should be checking** your answers* » = vous devriez être en train de relire vos réponses une dernière fois.

2. L'aspect *perfect*

L'auxiliaire « *have* » permet essentiellement en anglais de parler du passé d'un moment d'énonciation. Comme pour l'aspect *continuous*, l'emploi de l'aspect *perfect* dépend du point de repère temporel ou modal de l'énonciation. Il recouvre très souvent la notion d'**antériorité**.

A. Point de repère passé ou futur

On dira donc :

- « *I went to China last year* » (l'action passée est considérée seule).
- Mais « *Until I went to China last year, I **had never seen** a panda bear* » (« avant d'aller en Chine l'an dernier, je n'avais jamais vu de panda »). On doit employer ici le ***past perfect***, parce que **le point de repère temporel est dans le passé**.

On peut aussi prendre un point de repère futur : vous passez un concours dans trois mois et n'avez pas encore révisé vos verbes irréguliers. Vous dites :

- « *I **haven't** really **learnt** all the irregular verbs* » (aujourd'hui), mais vous promettez :
- « *Before I take the exam in 3 months, I **will have learnt** the irregular verbs.* »

Le point de repère est dans l'avenir, il faut donc employer un **future *perfect***.

B. Point de repère modal

Le jour de l'anniversaire de votre mère, vous pensez :

- « *I **should call** my mother* » (« je devrais appeler ma mère » = recommandation dans le présent).

Le lendemain de l'anniversaire de votre mère, que vous avez oublié, vous dites :

- « *I **should have called** my mother* » (« j'aurais dû appeler ma mère » = recommandation qui s'applique à une situation passée).

Autre exemple : vous attendez un ami avec qui vous étiez censé prendre un verre. Cela fait une heure, vous pouvez émettre avec « *must* » l'hypothèse portant sur le passé :

- « *He **must have forgotten.*** » (« Il a dû oublier. »)

Tous les modaux peuvent être mis à l'aspect ***perfect***.

3. L'aspect *perfect continuous*

Cet aspect s'emploie principalement quand on veut insister sur la durée, le déroulement d'une action. Contrairement à l'aspect *perfect* « pur », une phrase conjuguée au *perfect continuous* ne peut contenir d'information chiffrée représentant un bilan.

Ainsi, comparez :

- « *I **have been training** to run a marathon* » (« cela fait un certain temps que je me prépare à courir un marathon »).
- « *I **have run** 4 semi-marathons so far* » (« j'ai couru 4 semi-marathons jusqu'ici »).

33 Anglais
Conjugaison : le conditionnel

1. Les 3 types de conditionnel

Toutes les phrases conditionnelles sont construites de la même manière :

- « ***If*** *it rains tomorrow* → *we* ***will*** *stay home* » (type 1, réel).
  Condition → conséquence

« *If* » introduit toujours la condition ou une hypothèse dont découle la conséquence.

A. Type 1, conditionnel exprimant une condition réelle

On est ici ancré dans le réel. La condition et la conséquence peuvent se réaliser. La condition est toujours au *present simple*, la conséquence se conjugue avec « *will* » :

- « ***If*** *the crisis* ***continues****, many people* ***will*** *lose their job.* »

⚠ **ATTENTION** Dans un registre soutenu, on remplace « if » par « should » → « ***Should*** *the crisis* ***continue****, many people will lose their job.* »

B. Type 2, conditionnel exprimant une hypothèse dans le présent

On se place ici dans le domaine hypothétique, irréel. L'hypothèse est au *past simple*, la conséquence se conjugue avec « *would* » :

- « ***If I lived*** *near Fukushima, I* ***would not*** *feel safe.* »

⚠ **ATTENTION** Le *past simple* de l'hypothèse ne parle pas du passé mais d'une situation imaginaire actuelle (comme l'imparfait utilisé en français, du reste : « si je vivais près de Fukushima » est bien une hypothèse présente).

Attention aussi au **verbe** « **être** » : même s'il s'agit d'un archaïsme, on peut le trouver ici sous la forme « *were* » à toutes les personnes :

- « *If I were you* » = « si j'étais vous ».

C. Type 3, conditionnel exprimant une hypothèse dans le passé

Dernier cas de figure, on envisage une hypothèse dans le passé. L'hypothèse est au *past perfect*, la conséquence se conjugue avec « ***would have*** » si elle-même se trouve dans le passé ou « ***would*** » seul si elle se trouve dans le présent :

- « ***If I had grown up*** *in London, I* ***would have*** *learnt to speak English* » (« Si j'avais grandi à Londres, j'aurais appris à parler anglais ») : conséquence passée.
- « ***If I had grown up*** *in London, I* ***would*** *speak English today* » (« Si j'avais grandi à Londres, je parlerais anglais aujourd'hui ») : conséquence présente.

⚠ **ATTENTION** En anglais littéraire, on peut faire disparaître « *if* » du type 3 par le biais d'une inversion sujet-auxiliaire. « ***If*** *I had grown up in London* » = « ***had I*** *grown up in London* ». Ce piège est très fréquent.

2. *Wish* et l'expression du regret

A. Le regret dans le présent

Imaginez que vous receviez une carte postale d'un ami en vacances à Hawaï avec le message suivant : « *I wish you were here.* » Votre ami ne vous invite pas à le rejoindre : il regrette votre absence en ce moment. Le verbe qui suit « *wish* » est conjugué au *past simple* qui a ici une valeur d'irréalité (comme au conditionnel type 2) :

- « *I wish* ***I had*** *a million dollars.* » (« Si seulement j'avais un million de dollars. »)
- « *I wish* ***I looked*** *like Brad Pitt.* » (« Si seulement je ressemblais à Brad Pitt. »)

ASTUCE Traduisez systématiquement dans votre tête « *wish* » par « si seulement ». La présence d'un imparfait en français devrait vous mettre la puce à l'oreille.

B. Le regret dans le passé

Vous voyez certainement maintenant la parenté avec le conditionnel. On peut donc aussi regretter des actions ou situations passées. Le verbe qui suit « *wish* » est au *past perfect* :

- « *I wish* ***I had taken*** *my phone with me.* » (« Si seulement j'avais pris mon portable. »).
- « *I'm sure she wishes* ***she had taken*** *that opportunity.* » (« Je suis sûr qu'elle se mord les doigts d'avoir raté cette opportunité. »)

Ce n'est pas pour rien que l'on évite le verbe « regretter » ici. La traduction est parfois votre ennemie !

C. « *Wish* » conjugué à un temps passé

Si « *wish* » est conjugué à un temps passé, il suffit de savoir quand se situe l'action que l'on regrette par rapport au moment de référence :

- « *We were walking around New York in the blizzard yesterday. We wished we* ***had taken*** *our moon-boots.* » Vous vous baladiez à New York hier sous une tempête de neige. Vous avez amèrement regretté de ne pas avoir emmené vos moon-boots. Il aurait fallu prendre vos bottes AVANT de partir, donc ***past perfect***.
- « *We were walking around New York yesterday and got lost. We wished we* ***had*** *a map.* » Vous étiez perdu et auriez voulu avoir une carte à ce moment-là, donc ***past simple***.

34 Anglais
Grammaire : adjectifs et déterminants

1. Les quantifieurs singuliers : « *little* », « *a little* », « *much* », « *a lot of* »

- « J'ai peu de temps. » = « *I have little time.* »
- « J'ai un peu de temps. » = « *I have a little time.* »
- « J'ai beaucoup de travail. » = « *I have a lot of work.* »
- « Je n'ai pas beaucoup de travail. » = « *I don't have much work.* »

Ces quatre exemples couvrent tous les cas de figure possibles. **Ils s'emploient quand la quantité s'applique à un mot singulier**.

Notez que l'on n'emploie pas « *much* » à la forme affirmative (mais toutes les autres formes de phrases sont autorisées).

Quant à la différence entre « *little* » et « *a little* », elle ne porte pas sur la quantité mais sur l'appréciation : « *little* » est négatif (comme « peu »), « *a little* » positif (comme « un peu »).

2. Les quantifieurs pluriels : « *few* », « *a few* », « *many* », « *a lot of* »

- « J'ai peu d'amis. » = « *I have few friends.* »
- « J'ai quelques amis. » = « *I have a few friends.* »
- « J'ai beaucoup d'amis. » = « *I have many/a lot of friends.* »

Encore plus simple : « *many* » et « *a lot of* » sont parfaitement synonymes, « *many* » s'employant dans tous les types de phrase.

La différence entre « *few* » et « *a few* » est elle aussi appréciative : « *few* » est négatif (« *few friends* » = quatre amis, ce n'est pas assez à mon goût), « *a few* » est positif (« *a few friends* » = quatre amis, mais ce sont d'excellents amis et je m'en contente volontiers).

3. « *Too* » et « *enough* » : attention à la construction

« *Too* » et « *enough* » permettent de porter un jugement sur une qualité : « *too* » exprime un excès (« *this film is too long* »), « *not… enough* » une insuffisance (« *You are not driving fast enough* »).

La difficulté porte sur la construction. « *Too* » se transforme en « *too much* » devant les noms :

- « *This is taking too much time.* »

« *Enough* » se place après les adjectifs :

- « *This appartment is not big enough.* »

4. « *Some* » et « *any* » et la notion d'existence

« *Some* » et « *any* » permettent de dire qu'une certaine quantité ou un certain nombre existent. Vous vous dites certainement que c'est très vague : c'est bien le cas. De même, leurs dérivés « *someone* », « *somebody* », « *somewhere* », « *something* » et « *anyone* », « *anybody* », « *anywhere* », « *anything* » se traduisent par « quelqu'un », « quelque part », « quelque chose ».

« *Some* » et ses dérivés s'emploient dans les phrases affirmatives :

- « *We brought some wine to the party* » (une certaine quantité de vin, du vin).

« *Any* » et ses dérivés s'emploient dans les phrases interrogatives :

- « *Is there any wine left?* » (on ne sait pas s'il reste du vin).

« *Some* » et ses dérivés peuvent s'employer dans les phrases interrogatives quand le locuteur est certain de l'existence de la chose considérée :

- « *Could I have some sugar with my coffee?* » (ici, j'imagine que oui).

5. « *Any* » et la notion d'indifférence

« *Any* » et ses dérivés peuvent aussi exprimer l'idée que tous les choix sont possibles, que « peu importe » :

- « *It's your birthday. We can do anything you want.* »

6. « *No* » et « *not any* » et la notion d'inexistence

« *No* » et « *not any* » soulignent l'inexistence de quelque chose, d'un lieu ou d'une personne. Le quantifieur « *no* » a aussi des dérivés : « *no one* », « *nobody* », « *nowhere* », « *nothing* ». Attention à l'orthographe de « *no one* » : l'espace est à respecter.

« *No* » et « *not any* » sont parfaitement équivalents :

- « *I heard nothing of that speech.* » = « *I did not hear anything of that speech.* »

7. Le pronom « *none* »

« *No* » + un nom peut être remplacé par le pronom « *none* » :

- « *No foreigners are allowed in North Korea. Well, almost none. Dennis Rodman has been there twice.* »

8. Comparatif d'égalité

Le comparatif d'égalité se construit à l'aide de la préposition « *as* ». La structure sera toujours : « *as* » + adjectif + « *as* » :

- « *You can keep this book as long as you need to.* »

9. Comparatif et superlatif d'infériorité (« *less* » et « *the least* »)

Le **comparatif d'infériorité** se construit avec « *less* ». L'élément de comparaison est introduit par la préposition « *than* », ce qui donne « *less* » + adjectif + « *than* » + élément de comparaison :

- « *This appartment is less spacious than the last one I visited.* »

Le **superlatif d'infériorité** se construit avec « *the least* » + adjective :

- « *This is the least spacious of all the appartments I've visited.* »

10. Comparatif et superlatif de supériorité (« *more* » et « *the most* »)

Le **comparatif de supériorité** donne : « *more* » + adjectif + « *than* » + élément de comparaison :

- « *This rule is more complex than the one in the previous paragraph.* »

Le **superlatif de supériorité** se construit avec « *the most* » + adjectif :

- « *The contraction rule is probably the most complex to remember.* »

La difficulté ici est de se souvenir de la règle concernant la contraction des adjectifs. **Tous les adjectifs d'une syllabe** (« *big* », « *short* », « *small* ») **ainsi que les adjectifs de deux syllabes se finissant par** « **–y** » (« *funny* », « *chilly* », « *lazy* ») **se contractent avec** « ***more*** » **ou** « ***the most*** ». « *Small* » devient donc « *smaller* » et « *the smallest* », « *lazy* » devient « *lazier* » et « *the laziest* ». Comme d'habitude, le « y » se transforme en « i ».

- « *This appartment is bigger than the last one I visited* » → « *more* » a disparu et est remplacé par le son [r], noté « -ER » à la fin de l'adjectif.
- « *This is the biggest of all the appartments I've visited* » → « *most* » est remplacé par « -est » à la fin de l'adjectif. Attention à bien conserver l'article « *the* » en revanche !

11. Exceptions à la règle de contraction

- « *Good* » → « *better* » → « *the best* ».
- « *Bad* » → « *worse* » → « *the worst* ».
- « *Far* » → « *farther/further* » → « *the farthest* ».

35 Anglais

Grammaire : construction de la phrase anglaise

1. « *Since* », « *from* » et l'expression de l'origine d'une action

« ***Since*** » s'emploie pour introduire l'**origine, le début d'une action/situation qui n'est pas terminée**. Logiquement, le verbe est à conjuguer au *present perfect*.

- « *I **have lived** in London **since** I was four.* »
- « *They **have worked** here **since** 1985.* »

Notez que « *since* » marquant l'origine, il est forcément suivi d'un moment. Ce point de repère peut prendre la forme d'une date, d'un âge, etc.

« ***From*** » s'emploie pour introduire **le début d'une action/situation terminée**. Le verbe sera conjugué au *past simple*.

- « *Great Britain directly **controlled** India **from** 1858 to 1947.* »

2. « *For* » et l'expression de la durée

« *For* » s'emploie dès lors que l'on veut parler d'une durée en anglais.

Si cette durée sépare un point dans le passé du moment présent, on emploiera le ***present perfect***.

- « *I **have lived** in London **for** 24 years.* » Dans cet exemple, il s'est écoulé 24 ans depuis mon installation à Londres et j'y habite encore aujourd'hui.

Si cette durée sépare deux points dans le passé, on utilisera à l'inverse le ***past simple***.

- « *He **worked** in this firm **for** 16 years* » (entre 1985 et 2001, par exemple).

3. Phrases affirmatives commençant par une négation

Après « *never* », « *not only* »,« *not once* », « *no sooner* », « *nor* », « *neither* », le sujet et l'auxiliaire sont inversés. Ainsi, on dira « *not only **do you** need to know this rule...* » et « *never **have I** seen a better film* ».

4. Phrases affirmatives commençant par une restriction

Cas très proche, après « *hardly* », « *little* », « *rarely* ». Par exemple, « *little* ***did he*** *know that he would be in London the next day* ».

5. Verbes suivis de l'infinitif

Après « *want* », « *wish* », « *need* », « *demand* » (exiger), « *prefer* », le verbe doit être mis en forme infinitive, alors qu'on utilise le subjonctif en français.

- Il est impossible de dire « *I want that you work* » (faute horrible). On dira « *I want you to work* ».

6. Verbes suivis du gérondif

Tous les verbes exprimant un goût/dégoût pour quelque chose sont suivis du gérondif :

- « *I* ***hate*** *wait**ing*** », « *I* ***love*** *danc**ing*** », « *I* ***can't stand*** *read**ing** books on computers* ».

Ainsi que les verbes exprimant le début, la poursuite ou la fin d'une action :

- « *It started rain**ing** two hours ago* », « *She has stopped smok**ing*** ».

⚠ **ATTENTION** Parfois le verbe « *stop* » est suivi de l'infinitif quand il signifie cesser de faire quelque chose pour accomplir une autre action.

- « *When driving, you should* ***stop*** *(driving)* ***to rest*** *every two hours.* » (« Quand vous conduisez, vous devriez vous arrêter toutes les deux heures pour vous reposer. »)

7. Le gérondif à la suite des prépositions

Une règle primordiale : si une préposition ou un adverbe est suivi d'un verbe, celui-ci est TOUJOURS à la forme gérondif :

- « *You should revise* ***before*** *tak**ing** the test.* » (« Vous devriez réviser avant de passer l'examen. »)

⚠ **ATTENTION** « *To* » est souvent la marque de l'infinitif, mais parfois une préposition. Apprenez par cœur : « *to be* used to, to get *get used to* », « *to commit to* », « *to confess to* », « *to look forward to* ». Ces expressions sont suivies du gérondif :

- « *He confessed* ***to*** *kill**ing** his wife.* » (« Il a confessé avoir tué sa femme. »)
- « *I look forward* ***to*** *go**ing** on holidays.* » (« J'ai hâte de partir en vacances. »)

8. Verbes suivis de la base

« *Make* » et « *have* » expriment une action sur quelqu'un ou quelque chose avec un résultat.

- Pour dire « je lui ai fait apprendre ses verbes irréguliers », on dira en anglais « *I made him learn his irregular verbs* » ou bien « *I had him learn his irregular verbs* ».

Le verbe « *force* » a un sens similaire, mais se construit normalement :

- « *I forced him to learn his irregular verbs* ». « *Force* » est suivi d'un infinitif.

« *Let* » à l'inverse signifie que l'action a été libre de toute influence.

- « Je l'ai laissée partir en avance » se traduira donc par « *I let her leave early* ».

« *Help* » est aussi souvent, mais pas toujours, suivi de la base.

- « Je l'ai aidé à déménager » peut donner « *I helped him **move*** » mais aussi « *I helped him **to move*** ».

A. Voix passive avec « *make* »

- « *I made him learn his irregular verbs* » se transforme en « *he was made **to learn** his irregular verbs (by me)* ». C'est l'infinitif qui réapparaît ici, pas la base.

B. Les verbes de perception

« *Hear* », « *see* », « *feel* », « *watch* », « *listen* » sont également suivis de la base.

- « Je l'ai entendu partir très tôt ce matin » donnera donc « *I heard him **leave** very early this morning* ».

C. Après les expressions « *had better* » (je ferais mieux) et « *would rather* » (je préférerais)

Très belle réplique du film *Muriel* : « *I'd rather **eat** broken glass than **spend** another minute with you.* » (« Je préférerais manger du verre pilé plutôt que de passer encore une minute avec vous. »)

36 Anglais

Vocabulaire : termes et expressions économiques

L'économie est un sujet sur lequel vous êtes attendu. Cette liste vous permettra d'exprimer clairement vos idées dans ce domaine.

the growth index	l'indice de croissance
the primary/secondary/tertiary sector	le secteur primaire/secondaire/tertiaire
to set up/to start a business	créer une société
to raise capital	trouver des fonds
cost savings	la réduction des coûts
to do business with	entretenir des relations commerciales
unfair trade practices	avec des pratiques commerciales déloyales
to share in the profits	participer aux bénéfices
to suffer a loss	subir des pertes
to foot the bill	régler la note
a round-table discussion	une table ronde
to make/strike a deal	conclure un marché
the Board of Directors	le conseil d'administration
gross profit	la marge brute
overhead costs	les frais généraux
tax evasion	la fraude fiscale
profit-sharing	la participation aux bénéfices
a free-trade area	une zone de libre-échange
the black market	le marché noir
foreign trade	le commerce extérieur
a trade agreement	un accord commercial
the trade gap	le déficit commercial

domestic trade	le commerce intérieur
the Gross National Product (GNP)	le produit national brut (PNB)
the Gross Domestic Product (GDP)	le produit intérieur brut (PIB)
the per capita income	le revenu par habitant
supply and demand	l'offre et la demande
to be in the red	être en déficit
the exchange rate	le taux de change
a hard currency	une devise forte
a soft currency	une devise faible
market research	l'étude de marché
to find a market	trouver un débouché
to penetrate a market	conquérir un marché
to phase out of the market	retirer progressivement du marché
a bear market	un marché orienté à la baisse
a bull market	un marché orienté à la hausse
to allow goods in	laisser entrer des marchandises
the Chairman of the Board	le président du conseil d'administration
the C.E.O. (Chief Executive Officer) (US), the managing director (GB)	le P.D.G.
the chief of staff, the head of personnel	le chef du personnel
a company car	une voiture de société
a business trip	un voyage d'affaires
a state-owned company	une société d'état
a small or medium-sized company	une PME
a family firm	une entreprise familiale
a takeover bid	une O.P.A.
a chartered accountant	un expert-comptable
to wind up a business	liquider une affaire
to go out of business	fermer, cesser ses activités
decision making	la prise de décision
a decision-maker	un décideur

37

Anglais

Vocabulaire : connecteurs logiques

Dans la liste suivante, prêtez une attention toute particulière à la construction des connecteurs logiques.

[+ prop.] indique que le connecteur doit être suivi d'une proposition (pour rappel, une phrase complète = sujet + verbe) :

- « *Since **you don't want to cooperate*** » (« puisque vous ne voulez pas coopérer »).

[+ nom] indique au contraire que le connecteur est suivi d'un nom ou d'une périphrase de type « *the fact* » + proposition.

- « *Despite **his refusal** / Despite **the fact that he refused*** ».

[+ verbe] indique que le connecteur est suivi d'un verbe en forme base.

- « *He called so as to **book** a table for six tonight.* »

Catégorie logique	Connecteur	Signification	Remarque	Construction
Objectif	*(In order) to*	Afin de		+ verbe
	So as to	Afin de		+ verbe
	So that	Pour que		+ prop.
	For	Pour	Si suivi d'un verbe, ce verbe est toujours en forme « -ing ». À éviter, un peu lourd.	+ verbe
Cause	*Because of*	À cause de	Connotation négative	+ nom
	Thanks to	Grâce à	Connotation positive	+ nom
	Due to	Dû à		+ nom
	Since	Puisque		+ prop.
	As	Étant donné que		+ prop.
	Out of	Par	« *He did it out of love.* »	+ nom

Conséquence	*So*	Donc		+ prop.
	Thus	Ainsi	Emploi surtout littéraire	+ prop.
	Therefore	Par conséquent		+ prop.
	Consequently	Par conséquent	« *As a consequence* » fonctionne aussi.	+ prop.
	As a result of	Par conséquent		+ nom
	Following	À la suite de		+ nom
Introduire une nouvelle idée	*Moreover*	De plus/en outre		+ prop.
	Furthermore	De plus/en outre		+ prop.
	Besides	Par ailleurs		+ prop.
	Similarly	De même		+ prop.
	Additionally	De plus		+ prop.
Opposition	*Unlike*	À la différence de		+ nom
	On the contrary	Au contraire		+ prop.
	Whereas	Alors que		+ prop.
Atténuation	*Although*	Bien que	La forme « *though* » est orale et se place en fin de phrase.	+ prop.
	In spite of	En dépit de		+ nom
	Despite	Malgré	Notez l'absence de préposition.	+ nom
	Nonetheless	Néanmoins	Aussi « *nevertheless* »	+ prop.
	However	Cependant		+ prop.
	Yet	Pourtant	Doit être placé en début de proposition pour avoir ce sens.	+ prop.
	While	Alors même que		+ prop.
Condition	*Even if/though*	Même si		+ prop.
	Provided	À condition que		+ prop.
	Unless	À moins que		+ prop.
	Otherwise	Sinon		+ prop.

38 Anglais

Compréhension : lire la presse anglo-saxonne

Stratégie de travail préparatoire

Profitez-en : les articles sur lesquels se base l'épreuve de compréhension sont issus d'une poignée de publications (*Time Magazine, The Economist, The Guardian, The Herald Tribune*). Il faut donc vous entraîner à décrypter la presse.

L'usage du dictionnaire doit rester raisonnable : si vous cherchez absolument TOUS les mots que vous ne connaissez pas, vous ne passerez jamais le premier paragraphe. Paradoxalement, il va s'agir d'apprendre à **laisser tomber** et à avancer malgré tout. C'est essentiellement par la rencontre répétée des mêmes termes et expressions que votre compréhension de l'anglais écrit va s'améliorer, et il vaudra toujours mieux **deviner** le sens d'un mot que d'aller immédiatement chercher sa traduction.

Allez lire ce qui vous intéresse, pas ce que vous pensez devoir lire. Le *Financial Times* est à éviter comme la peste quand on débute : sa bonne réputation dans les milieux économiques n'allège en rien l'aridité de ses articles. Commencez plutôt doucement et passez un peu de temps, mais régulièrement, à lire un blog ou un site web dédié à l'une de vos passions.

Construisez vos propres listes de vocabulaire. Prenez soin de ne pas noter que la traduction des mots : s'il s'agit d'un faux-ami, d'un terme dont la construction ne correspond pas à son équivalent français, notez-le ! Donnez-vous un objectif réaliste au début de votre préparation (30 mots par semaine, par exemple), puis montez en puissance régulièrement à l'approche du concours.

Apprenez les spécificités de l'anglais écrit : voici les principales structures que vous retrouverez souvent dans les articles de la presse anglo-saxonne.

A. Pourquoi la voix passive est-elle si fréquente en anglais ?

Le pronom « on », qui permet en français de dire que le sujet de l'action n'est pas connu, n'existe pas en anglais. Ainsi, « On pense que les émissions de carbone font augmenter les températures » donnera « *Carbon emissions* ***are thought*** *to raise temperatures* » ou « *It* ***is thought*** *that carbon emissions raise temperatures* ».

Entraînez-vous à utiliser systématiquement tous les verbes exprimant une opinion (« On pense, croit, dit que… ») de cette manière : « *it is* ***thought, believed, said that*** »…

B. Style direct/indirect

Un bref rappel : on appelle style direct toute énonciation entre guillemets et style indirect toute énonciation qui rapporte une phrase prononcée.

- « *He said: "I'm going to the US next year"* » → style direct.
- « *He said he was going to the US next year* » → style indirect.

C. La concordance des temps

Dans l'exemple ci-dessus, vous notez que le temps du verbe « *to go* » a changé. C'est cela que l'on appelle concordance des temps. Cette transformation est nécessaire parce que le verbe qui permet de rapporter des paroles (« *say* », « *tell* », « *wonder* » – se demander –, « *ask* ») est ici conjugué au passé simple. On rapporte en effet les paroles ultérieurement.

Nous allons nous baser sur le tableau de conjugaison (fiche 26) afin de déterminer le temps indirect à partir du temps direct, et inversement.

- « *I have to go* » (*present simple*) → « *He said he* ***had*** *to go* » (*past simple*).
- « *I'm coming* » (*present continuous*) → « *He said he* ***was coming*** » (*past continuous*).
- « *I have never seen this film* » (*present perfect*) → « *He said he* ***had*** *never* ***seen*** *this film* » (*past perfect*).
- « *I've been watching TV* » (*present perfect continuous*) → « *He said he* ***had been watching TV*** » (*past perfect continuous*).

D. Adverbes construits à partir des participes du verbe

Le français autorise rarement la construction des adverbes à partir des participes présent (gérondif) ou passé. On peut transformer « étonnant » en « étonnamment » mais certainement pas « effrayant » en « effrayamment ».

En anglais, cette restriction n'existe pas. Vous pouvez toujours dériver un adverbe :

- « *Death Valley is an amazingly hot place.* » (« Il fait extraordinairement chaud dans la vallée de la Mort. »)
- « *The crisis will assuredly lead to lay-offs.* » (« La crise va certainement mener à des licenciements. »)

Vous savez maintenant **déconstruire** ces adverbes. Le mot « fascinatingly » qui pourrait être déconcertant à première vue est en fait très simple à dompter : retirez « -ly » (que vous traduirez par « de manière… »), il reste « fascinating » que vous savez être le mot « fascinant ». Ce qui nous donne donc « de manière fascinante ».

4 ENTRETIENS

39 Entretiens

L'exposé de culture générale

Certaines écoles vous demanderont à l'oral de débuter votre entretien par l'exposé de votre réflexion autour d'un sujet de culture générale. Vous disposerez généralement de 5 à 10 minutes pour faire votre exposé et répondre à d'éventuelles questions que le jury aura à cœur de vous poser sur un point qui aura piqué sa curiosité.

Nos 7 **conseils** pour réussir au mieux l'exposé de culture générale :

1. Commencez toujours par réfléchir avec attention à tous les termes du sujet

Pour le sujet « **Faut-il légaliser le cannabis en France ?** » par exemple :

- **Faut-il ? :** vous devez interroger tous les sens possibles et dérivés. *Pourquoi faudrait-il ? Pour qui ? Quand ? Comment ? Où ?*… Et puis n'oubliez pas qu'un « Faut-il » doit toujours vous amener à envisager le « Doit-on » (point de vue moral, politique, économique, social, sociétal) et le « Peut-on » (point de vue législatif, technique, technologique).
- **Légaliser :** que signifie légaliser ? Qui cela concerne-t-il ? (Les adultes ? Les malades ?) Quels réseaux de distribution ? (Pharmacies ? Hôpitaux ? Coffee shops ? Grande distribution ? Internet ? etc.)
- **Le :** de quel cannabis parle-t-on exactement ? Existe-t-il plusieurs types de cannabis ? Parle-t-on d'un cannabis naturel ? Synthétique ? Du cannabis produit en France ? Ou à l'étranger ?
- **Cannabis :** il existe plusieurs pistes possibles pour le mot « **cannabis** ». Parle-t-on de la culture du cannabis ? De sa commercialisation ? De sa consommation ? De son usage thérapeutique ? etc.
- **France :** le sujet concerne la France certes mais que disent et que font en la matière nos voisins européens ? Les États-Unis ? La Chine ? etc.

Comme vous le voyez, il est possible de « secouer » un sujet de façon assez simple pour en explorer un nombre important de facettes. Ceci dit, après avoir évoqué tous les sens possibles, choisissez ceux qui vous semblent les plus pertinents et qui vous permettent surtout d'abonder au mieux dans le sens votre problématique.

2. Préparez toujours un plan détaillé et rédigez uniquement votre introduction

Vous n'aurez pas le temps de tout rédiger. Concentrez-vous donc sur votre introduction : **chiffre / fait / actualité + définition des termes du sujet + problématique + annonce de plan** que vous devrez rédiger en entier. Pour le reste, un plan détaillé suffit pour vous aider à développer oralement.

3. N'avancez jamais d'arguments sans exemples

Votre raisonnement doit reposer sur des arguments, c'est entendu, mais à avancer des arguments sans les appuyer par des exemples **(citations, faits d'actualité, exemples concrets, anecdotes personnelles)** vous donnerez l'impression de faire volontairement dans le vague ou dans le flou et vous risquez d'y perdre beaucoup.

4. Soignez votre vocabulaire

Attention aux mots que vous employez : sachez faire appel à un registre soutenu lorsque vous présentez votre travail. Bannissez-en l'argot et les abréviations.

5. Structurez votre plan de façon simple

De façon générale, on considère qu'un « bon » plan comprend deux ou trois parties, chacune étant divisée en deux ou trois sous-parties.

Le choix entre deux et trois dépend de votre inclination personnelle, mais sachez respecter une symétrie : vos parties doivent être d'une taille approximativement équivalente.

Les structures les plus courantes pour un plan sont : **le classique « oui… mais… »** (en deux parties) ; **le « thèse… antithèse… synthèse… »** (en trois parties), **le plan chronologique**, et le plan thématique – ces deux derniers cas s'appliquant aussi bien aux structures en deux parties qu'à celles qui en comprennent trois.

6. Soignez votre introduction !

Si l'on peut vous pardonner d'avoir certaines phrases un peu maladroites dans votre développement, vous n'avez pas le droit à l'erreur dans le cadre de votre introduction.

C'est la « vitrine » de votre discours : si elle est décevante, votre jury risque de ne même pas prendre la peine d'écouter la suite.

7. Une règle en or

Lorsque vous passez devant un jury, le jury attend de vous que vous sachiez procéder à des **transitions de qualité** entre vos sous-parties et entre vos parties. Les jurys des Grandes Écoles y sont très sensibles.

Surtout, si vous séchez sur un sujet et que vous avez du mal à « broder », essayez de vous appliquer au niveau de vos transitions. Annoncez très clairement au jury où vous en êtes à chaque étape de votre exposé. N'hésitez pas ainsi à dire : « Je vais commencer par mon introduction », puis « Pour ce qui est de la première partie de mon développement »… « Pour ce qui est de la seconde partie de mon développement »… « Pour conclure ». Comprenez qu'il est important qu'à défaut d'avoir beaucoup de matière, vous soyez au moins capable de montrer au jury que vous êtes très structuré.

Exemples de sujets

- **Qu'est-ce qu'entreprendre ?**
- **Pour ou contre les « golden parachutes » des grands patrons ?**
- **Faut-il interdire les délocalisations ?**
- **La publicité sert-elle encore à quelque chose ?**
- **L'argent fait-il le bonheur ?**
- **Pour ou contre la méritocratie ?**
- **Le changement amène-t-il le progrès ?**
- **La femme est-elle l'avenir de l'homme en politique ?**
- **L'être et le devenir**
- **Les dangers d'Internet**
- **Croire en soi**
- **Faut-il du charisme pour être dirigeant ?**
- **Y a-t-il une éthique des affaires ?**
- **Qu'est-ce qu'un patron ?**
- **La gratuité rapporte-t-elle à l'entreprise ?**
- **L'entreprise citoyenne : une utopie ?**
- **Doit-on donner la priorité au développement durable ?**
- **Recrutement dans les entreprises : que pensez-vous de la discrimination positive ?**
- **Y a-t-il un management au féminin ?**
- **Les réseaux sociaux sur Internet**
- **La révolution est-elle un phénomène périmé ?**
- **Commentez cette formule : « La décision est souvent l'art d'être cruel à temps »**
- **La réalité peut-elle être virtuelle ?**
- **À quoi servent les utopies ?**
- **L'avenir est-il imaginable ?**
- **Les paradis fiscaux**
- **Avons-nous besoin d'un libre arbitre ?**
- **Peut-on se faire une idée de tout ?**
- **Que doit-on faire de ses rêves ?**
- **La précaution peut-elle être un principe ?**
- **La téléréalité**
- **Le rôle des marques dans notre société**

40 Entretiens

Pourquoi une école de commerce et de management ?

Cette question vous sera posée à coup sûr durant votre entretien. Voici le raisonnement que nous vous conseillons vivement de suivre.

Vous voulez être manager, n'est-ce pas ?

Et oui, si vous ne voulez pas être manager (responsable, directeur, chef d'entreprise, créateur de start-up, etc.) alors refermez ce livre ! Si vous passez des concours, c'est précisément pour devenir manager et viser à moyen / long terme des postes à responsabilité, (ex. : directeur des ventes, directeur marketing, responsable de desk, responsable achats, etc.) autrement dit, les plus hautes fonctions qu'une entreprise peut vous offrir.

OR

Pour être un bon manager, vous devrez acquérir un nombre important de savoirs, de savoir-faire et de savoir-être.

Les savoirs c'est l'ensemble des notions à connaître pour bien exercer sa fonction (cours de comptabilité, de gestion, de marketing, d'entrepreneuriat, de langues, etc.). **Les savoir-faire** regroupent beaucoup de choses : les études de cas, les cours animés par des professionnels de l'entreprise, les jeux d'entreprise, les stages en entreprise, etc. Quant aux **savoir-être**, il s'agit de tous les réflexes et de toutes les postures et qualités qui permettent d'endosser le rôle de manager et de réussir sur le long terme (sens des responsabilités, écoute, curiosité, gestion du conflit, prise de décision, empathie, prise de parole en public, charisme, confiance en soir, sens de la négociation, pouvoir de conviction). Ces savoir-être s'acquièrent dans le cadre des travaux en groupe (avec des profils, formations d'origine et nationalités différentes), des présentations orales, de la vie associative, des forums entreprises, des échanges universitaires, etc.

PAR CONSÉQUENT

Si vous voulez acquérir tous ces savoirs, savoir-faire et savoir-être en un seul et même lieu, alors vous devez passer par une Grande École de commerce et de management.

Vous êtes en effet convaincu qu'une Grande École de commerce et de management constitue de loin la meilleure antichambre, le meilleur lieu pour acquérir de façon originale et efficace de nombreux savoirs et savoir-faire mais aussi pour développer, tester et mettre à l'épreuve tous ces savoir-être qui font la différence sur le long terme et qui permettent assurément de faire de belles carrières en tant que manager.

41 Entretiens

Comment se préparer à l'entretien individuel ?

1. RÉFLEXION

- Votre projet
- Vos expériences
- Votre personnalité
- Les Écoles de commerce

↕

2. RECUEIL

- Votre projet
- Vos expériences
- Votre personnalité
- Les Écoles de commerce
- L'École
- La ville et la région

↕

3. CONSTRUCTION

- Votre projet
- Vos expériences
- Votre personnalité
- Pourquoi une École de commerce ?
- Pourquoi cette École ?

↕

4. ENTRAÎNEMENT

1. Connaître la brochure site web de l'école dans ses moindres détails

▶ Objectifs : connaître…

- Le slogan de l'école, ses valeurs, ses ambitions
- La vision du directeur
- Les programmes d'études et d'échanges
- Les possibilités offertes au niveau Master 1 et Master 2
- Quelques noms et parcours de professeurs
- Quelques noms d'associations et leurs activités
- Quelques noms d'anciens qui ont réussi

2. Rendre visite à l'école dans le cadre d'une journée portes ouvertes et d'un salon étudiant

▶ Objectifs :

- Discuter avec un responsable de l'école dont vous retiendrez le prénom et le nom
- Discuter avec des étudiants de l'école dont vous retiendrez là encore les prénoms et noms
- Poser toutes vos questions afin d'être sûr d'avoir bien compris tout ce que l'école peut vous offrir

3. S'abonner à tout ce que l'école offre en ligne

▶ Objectifs :

- Liker les pages Facebook, Twitter et autres…
- Communiquer votre adresse mail pour que l'on vous envoie des newsletters ou infos éventuelles
- S'abonner à un flux Google Actualités afin de recevoir toutes les news relatives à l'école
- Retrouver sur Facebook des anciens de l'école et leur demander comment se passe leur vie après en avoir été diplômé

42 Entretiens

Maîtriser le fond et la forme, le triangle des attentes

1. Le fond

A. Structurez vos propos

[1. Tout d'abord… (1)… (2)… Ainsi/Enfin]

Voici la base de tout propos structuré. Si l'on vous pose une question d'actualité ou une question qui appelle une réponse circonstanciée, ayez donc le réflexe de prendre 3 ou 4 secondes avant de répondre et ce, dans le but de structurer votre réponse.

« Comment vous voyez-vous dans 10 ans ? »

*« J'aimerais **tout d'abord** faire la différence entre la façon dont je me vois au niveau professionnel **(1)** et la façon dont je me vois au niveau personnel, privé **(2)**. D'un point de vue professionnel, j'espère que… D'un point de vue plus personnel, j'aimerais beaucoup… **Ainsi**, comme vous le voyez, mes objectifs personnels et professionnels ne sont pas très éloignés… »*

[2. D'un point de vue politique / économique / social / culturel / technologique / écologique / éthique…]

Il convient à l'oral de montrer au jury que votre vision des choses n'est pas linéaire et que vous êtes capable d'approcher les questions qui vous sont posées **sous des angles divers et variés.**

« Que vous a inspiré le Printemps arabe ? »

*« Je retiens avant toute chose **le rôle qu'ont joué les nouvelles technologies et les médias**… On a ainsi parlé de « révolution Facebook » ou encore de « révolution Twitter »…*

*Il me tient aussi à cœur d'aborder **la dimension sociale** du Printemps arabe et plus précisément la place que la femme occupe dans des pays comme la Tunisie ou l'Égypte… »*

[3. L'approche « Contexte / Objectifs / Moyens / Résultats / Apports »]

Lorsque vous relatez une expérience professionnelle ou extra-scolaire, il peut être bon de l'approcher sous l'angle **COMRA : Contexte, Objectifs, Moyens, Résultats, Apports.**

*« **(Contexte)** En juillet 2009, je venais d'obtenir mon baccalauréat et j'avais alors décidé de rester sur Paris et d'y passer mes vacances d'été. » **(Objectifs)** Je souhaitais avoir une première « longue » expérience en entreprise et être un salarié à part entière, un salarié qui compte dans l'entreprise. **(Moyens)** J'ai alors postulé à une offre chez McDonald's et je suis rapidement devenu équipier au McDonald's du quartier des Halles de début juillet à fin août 2009. J'étais heureux d'occuper ce poste qui exigeait beaucoup de polyvalence et qui allait me permettre de comprendre efficacement le fonctionnement d'une entreprise et surtout de bien comprendre quel serait mon rôle. **(Résultats)** Je pense qu'en 2 mois, j'ai énormément appris : préparer les commandes en cuisine, tenir une caisse ou encore veiller à la propreté du restaurant (cuisine, sanitaires, etc.) J'ai su démontrer mon efficacité en cuisine (j'ai notamment en période de rush réussi à préparer 60 Big Mac en moins de 5 minutes !) et mon manager a apprécié ma capacité à être respectueux des procédures de prise de commandes en caisse. **(Apports)** Cette expérience m'a beaucoup apporté : la rigueur, l'écoute, la ténacité et surtout un grand sens de l'humilité et du respect. Il n'y a pas de sot métier et quel que soit son niveau dans la hiérarchie, on joue toujours un rôle essentiel dans l'entreprise et on fait toujours partie d'un tout. Si mon travail est bien fait, alors les répercussions sur les autres membres de l'équipe sont bénéfiques et tout avance dans le bon sens, pour le plus grand bonheur des clients. »*

B. Attention aux derniers mots prononcés

Faites très attention aux derniers mots que vous prononcez lorsque vous terminez une phrase. L'expérience montre en effet que le jury rebondit dans 9 cas sur 10 sur les 2 ou 3 derniers mots qui concluent votre propos.

Ainsi par exemple, en terminant votre propos par *« ... d'ailleurs, si j'intègre votre école, je souhaiterais vivement effectuer **un échange universitaire au Brésil.** »*, et bien il y a toutes les chances que votre jury vous invite à détailler plus avant votre intérêt pour les échanges universitaires et surtout votre intérêt pour le Brésil.

Cette technique est redoutable car elle vous permet d'une certaine façon de « manipuler » votre jury de façon intelligente. Il vous suffit en effet de « placer » en fin de phrase un dossier que vous maîtrisez parfaitement et il y a alors toutes les chances que le jury souhaite en savoir plus. Et sans s'en rendre compte, le jury vous pose des questions dont vous connaissez déjà les réponses !

Notez bien que si vous souhaitez que cette technique fonctionne alors vous devrez absolument en garder sous le coude. Vous devrez ainsi ne pas hésiter à terminer votre phrase par un élément que vous n'avez pas encore développé et convoquer une pause de quelques secondes, pause dont le but est d'inviter bien sûr le jury à vous poser la question que vous attendez !

Il va sans dire que cette technique doit être utilisée avec parcimonie, sinon elle risquerait de perdre toute son efficacité... Les jurys ne sont jamais dupes.

C. Désamorcez les questions difficiles et délicates

Ne partez pas de l'idée que vous pourrez anticiper toutes les questions, vous n'y parviendrez pas. Si certaines questions sont attendues, d'autres, découlant souvent de vos expériences ou ce que le jury perçoit de vous, sont plus difficilement sujettes à anticipation.

Il vous faut donc pour partie vous préparer… à ne pas être prêt, à être surpris, désarçonné sans doute, par une question imprévue. Pour autant, il est possible, dans une certaine mesure, de se préparer à être surpris.

Pour ce faire, trois méthodes principales :

1. **Faites une pause** avant de commencer à répondre. Cette technique présente plusieurs avantages, et notamment celui de vous permettre de réfléchir quelques secondes à ce que vous allez répondre.
2. **Reformulez la question**. Vous vous donnez en effet du temps et avez de surcroît la possibilité, dans votre reformulation, de réorienter la question dans un sens vous convenant mieux.
3. **L'humour**. À condition de ne pas en abuser, l'humour constitue une efficace façon de répondre… sans toujours répondre.

2. La forme

[1. Votre ton et votre débit]

Travailler votre ton signifie que vous devez être capable, comme un acteur suivant les textes qu'il joue, de faire varier votre ton suivant les circonstances, les publics (selon que vous vous adressez à un professionnel, un étudiant en dernière année ou un professeur) et les moments.

Pour ce qui est de votre débit :

Plus un orateur parle vite, moins son auditoire retient ce qu'il dit.

N'oubliez pas, par ailleurs, que certains membres de jurys prennent des notes durant votre entretien… si vous leur en laissez le temps ! Vous devez donc absolument surveiller votre débit.

[2. Votre élocution]

Les jurys sont unanimes à constater, et à déplorer, que nombreux sont les étudiants parlant non seulement très vite mais, par voie de conséquence, mangeant également leurs mots. N'en faites pas partie.

[3. Votre intonation]

L'intonation donne de la vie à votre propos et vous permet surtout de faire comprendre et partager à votre auditoire les termes et mots les plus importants et les plus significatifs pour vous.

Marquer votre intonation signifie que vous allez distinguer, dans votre propos, certains mots ou expressions et les accentuer pour partager avec votre auditoire l'importance que vous leur accordez.

Vous les accentuerez de plusieurs façons. Tout d'abord, vous les prononcerez plus fort, afin de les faire ressortir, jaillir en quelque sorte du reste de votre phrase. Vous pouvez également, dans certains cas, user d'une technique mise en œuvre par certains orateurs et consistant à laisser un petit silence avant et après le mot, et ce dans le but de le faire mieux ressortir des mots l'entourant.

[4. Votre posture générale]

Votre corps parle. Votre démarche parle. Votre poignée de mains parle. La façon dont vous êtes assis parle. Vos mouvements et vos gestes sont autant de mots. Quand vous vous taisez, vous parlez quand même ou, plus exactement, votre corps parle pour vous.

Vous devez donc veiller à ce langage de votre corps que, consciemment ou pas, certains membres de jury décoderont et traduiront. Avant même que votre entretien ne commence, vous avez en fait déjà commencé. En entrant dans la salle, en montrant votre corps en mouvement aux membres de votre jury, vous communiquez déjà envers et avec eux.

Attention à vos jambes ! Ne les remuez pas. Vos mains ! Ne les croisez pas. Posez-les simplement sur la table.

[5. Votre regard]

Vous devez impérativement regarder les jurys droit dans les yeux bien en face, sans baisser les yeux.

Si c'est vraiment très difficile pour vous de tenir le regard alors visez de temps à autre la partie basse du front… Si vous êtes à quelques mètres du jury alors il n'y a aucun risque pour qu'il s'en rende compte.

[6. Vos sourires]

Vos sourires doivent rythmer votre échange, en marquer et en accentuer les moments importants. Bien entendu, souriez toujours en tout début d'entretien ainsi qu'à la toute fin, cela va sans dire. Souriez également lorsque vous abordez des expériences heureuses de votre vie. **Souriez enfin pour exprimer vos doutes ou votre scepticisme.**

Une chose est sûre en tous cas : mieux vaut sourire trop que pas assez !

[7. Vos silences / vos pauses]

La première famille de silences dont vous devez savoir user sont les silences que vous allez faire **avant de répondre**.

Suite à certaines questions en effet, vous devez prendre un temps, une pause, donc faire silence, avant de vous lancer et de répondre. Sans qu'il soit question de procéder ainsi de façon systématique, vous ne devez pas hésiter à le faire.

Ce silence, d'une durée de quelques secondes, précédant votre réponse remplit en effet plusieurs fonctions importantes. Tout d'abord, il vous permet de réfléchir rapidement et d'ordonner votre réponse. Prenons un exemple. La question qui vous est posée porte sur ce que vous avez appris lors de telle ou telle expérience, un stage par exemple. Les quelques secondes que vous allez vous accorder vous permettront de rassembler les éléments de votre réponse et de la structurer. Vous commencerez ensuite à répondre : « au fond, si je fais le bilan, trois choses essentielles… ».

Souvenez-vous que les jurys n'apprécient que modérément les candidats trop préparés. La seconde raison d'être de votre silence réside en le fait que vous donnerez ainsi l'impression de ne pas avoir trop préparé, donc de rassembler vos idées suite à la question.

Dernière fonction de votre silence introductif : vous flattez votre interlocuteur en lui faisant comprendre que vous considérez sa question comme importante, donc justifiant un temps de réflexion avant d'y répondre.

La seconde famille de silences est constituée de **silences internes à vos réponses,** donc contenus en elles.

Il s'agira des silences que vous observerez avant et/ou après un mot, une expression, un chiffre important. Afin de les faire mieux ressortir, vous devez encadrer vos éléments clés par deux silences d'une seconde, afin de laisser le jury se pénétrer tout à la fois de ce que vous venez de dire et du fait que les silences que vous avez observé signifiaient l'importance que vous lui accordiez.

[8. Votre tenue]

Pour une fois, le mieux n'est pas l'ennemi du bien. Comme vous le savez, les jurys d'admission apprécient que les étudiants se présentant à eux se vêtent « façon cadre ». En d'autres termes, vous n'avez pas le choix, et surtout pas le choix de prendre des risques inutiles.

Si le costume ou le tailleur, suivant votre sexe, semble donc préférable, vous devez prendre une précaution supplémentaire.

Le port de vêtements inhabituels participera à votre prise de conscience des enjeux, mais également du stress en découlant. Vous devez donc impérativement veiller à ne pas en rajouter. Pour ce faire, vous devez vous sentir bien dans vos vêtements et vos chaussures. **Soyez donc attentif à ne pas porter de vêtements un peu justes ou trop neufs, ils vous handicaperaient dans vos mouvements et votre expression, donc dans votre bien-être.**

3. Le triangle des attentes vous aide à bien gérer vos enchaînements

Le triangle des attentes

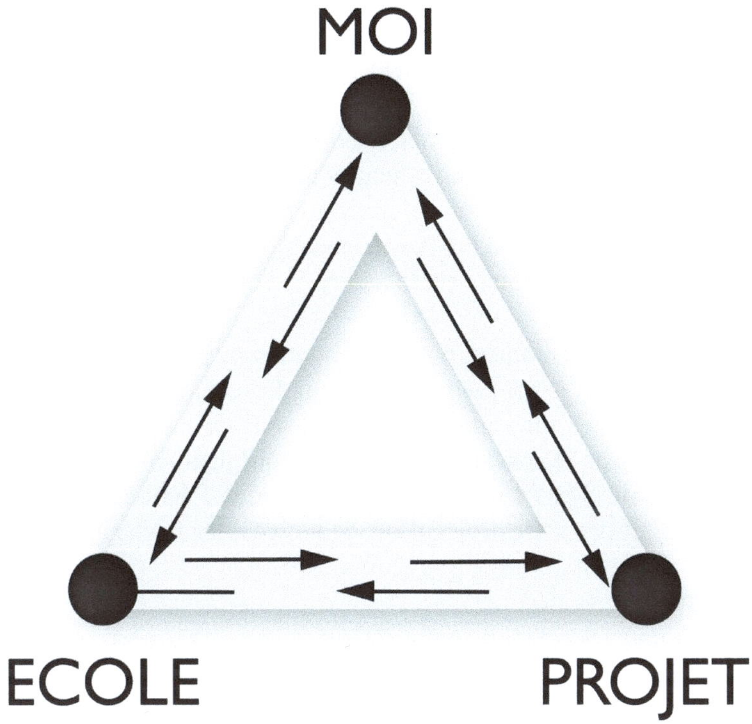

Ce triangle synthétise **les différents grands champs d'attente des jurys d'entretien.** Chacune des trois pointes correspond à une attente majeure, le cœur des attentes des jurys se situant dans les interrelations entre les pointes.

4. Les jurys attendent que vous vous connaissiez bien

Cette connaissance de vous-même doit vous amener, non seulement à cerner vos qualités, vos défauts et vos caractéristiques, mais également à savoir aller chercher, dans vos expériences, ce qui explique et justifie votre projet.

Ce point est en effet essentiel. **Le propos n'est donc pas tant que vous vous connaissiez, mais plutôt que vous alliez chercher en vous tout ce qui – traits de personnalité et expériences – vient nourrir et expliquer votre projet.**

Votre projet vous est, en soi, naturellement connu. Mais les très bons candidats vont plus loin et établissent un lien logique (symbolisé par la flèche à double sens sur le côté droit du triangle) entre leur projet et eux-mêmes, cherchant à convaincre du fait que ce projet est leur parce qu'ils sont comme ils sont. La recherche de cette harmonie est importante, en ce sens qu'elle vous permettra par exemple d'effectuer des enchaînements logiques entre vos expériences et votre projet, le cas échant avant même que le jury vous questionne sur la nature de votre projet.

À l'identique, votre projet requiert, pour son aboutissement, votre entrée dans l'école à laquelle vous postulez. C'est pourquoi, au sein des connaissances et informations que vous avez recueillies sur votre future école, vous devez sélectionner et conserver celles qui vont dans le sens de votre projet et qui justifient que vous frappiez à la porte de cette école et pas d'une autre. Parallèlement, l'école, par ses spécificités, viendra nourrir et affiner votre projet, d'où, de nouveau, la flèche à double sens sous le triangle.

Enfin, dernier point, les relations entre l'école et vous. Là aussi, vous devez plus raisonner en termes de liens que de juxtapositions. En d'autres termes, vous devez établir un lien entre vos qualités, goûts et aptitudes et votre future école. Si les étudiants savent souvent répondre à la question de savoir ce que leur future école va leur apporter, ils ne réfléchissent souvent pas assez à l'autre dimension : ce qu'ils vont pouvoir apporter à leur école.

Le jury considère, à juste titre, que votre intégration se traduira par un échange. Certes, votre future école vous apportera la connaissance de l'entreprise et de ses rouages, les moyens d'affiner votre projet professionnel et une ouverture sur le monde (stages, échanges). Mais la question inverse présente, pour votre jury, un grand intérêt : vous, qu'allez-vous pouvoir apporter ? Vous allez en effet, de par vos expériences ou vos centres d'intérêt, jouer un rôle dans votre future école et le jury ne demande pas mieux que vous entendre évoquer concrètement cette future immersion.

43 Entretiens

Les 4P

Les 4P constituent les premiers mots, les premières phrases de votre présentation. Vous devez les travailler avec beaucoup de sérieux. **Un bon candidat consacre généralement entre 5 et 6 heures de travail sur ses 4P afin de choisir les bons mots, les bons exemples, les bons arguments et surtout afin de les répéter jusqu'à les connaître par cœur !**

En général, vos 4P durent **entre 3 minutes 30 et 4 minutes 30**. Idéalement, essayez de ne pas dépasser 4 minutes. Sachez que le jury pourra vous couper en plein milieu de votre présentation. Ce n'est pas bien grave (au contraire même). N'oubliez pas, si l'on vous coupe, de revenir à un moment ou à un autre de l'entretien sur le ou les P que vous n'aurez pas eu le temps d'aborder durant votre présentation. Car en plus de constituer le corps de votre présentation, les 4P contiennent les « grosses cartouches » de votre entretien, celles qui vous feront marquer beaucoup de points. Alors hors de question de sortir de la salle d'entretien sans avoir aborder d'une façon ou d'une autre l'ensemble de vos 4P.

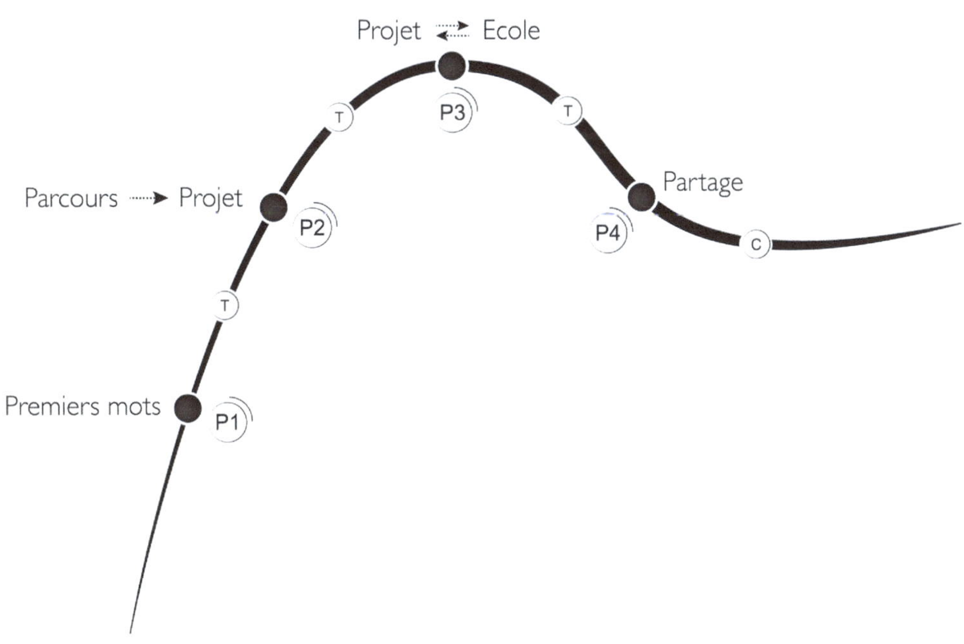

Emmanuel Dufour	
Âge	17 ans
Admission	Post Bac
École cible	XXX

P1 « Bonjour, je suis Emmanuel Dufour, j'ai 17 ans. Je suis né à Boulogne-Billancourt mais je vis actuellement à Paris où je suis mes études. Je tiens tout d'abord à vous remercier pour cet entretien au cours duquel je vous ferai part de mes motivations pour intégrer votre école, XXX. »

T **« J'aimerais, dans un premier temps, vous parler de mon parcours scolaire puis de mon projet professionnel. »**

P2 « Pour ce qui est de mon parcours scolaire, je suis actuellement au Lycée Lamartine à Paris en section Économique et Sociale spécialité SES. Je me suis beaucoup intéressé cette année à l'anglais et aux SES, en particulier aux chapitres relatifs à la sociologie. Je me suis également fait plusieurs amis avec qui je passe du temps en dehors des cours pour faire du sport ou écouter de la musique.

Si je suis devant vous aujourd'hui c'est parce que j'ai un Projet Professionnel ambitieux. Je souhaite en effet rejoindre à long terme la direction marketing d'un grand groupe hôtelier tel que le Groupe français Accor ou le Groupe américain Starwood.

Je suis conscient que pour atteindre un tel niveau de responsabilités, il me faudra être patient et réussir à gravir les échelons les uns après les autres en commençant par faire des stages bien sûr puis en passant une fois diplômé par des postes de chef de produit, puis de chef de groupe, en France ou à l'étranger.

Surtout, je sais que ces postes que je vise demandent beaucoup de polyvalence. J'ai donc besoin de développer des connaissances et compétences précises non seulement en marketing, mais aussi dans tous les domaines de la gestion. Mais je sais aussi que je dois acquérir des réflexes et des qualités propres au manager. »

T **« J'aimerais à présent vous dire pourquoi je souhaite rejoindre votre école. »**

P3 « Si je souhaite intégrer XXX, c'est parce que je suis convaincu que c'est votre école qui me permettra de concrétiser au mieux mon projet professionnel et que c'est aussi votre école qui contribuera à mon épanouissement personnel. »

Apportez ensuite deux ou trois arguments clés qui justifient le choix de l'école (choisissez des arguments très spécifiques à l'école).

T **« Pour terminer, il me semble essentiel de vous expliquer pourquoi mon choix se porte aujourd'hui sur votre école en particulier. Si votre école peut m'aider de façon significative à atteindre des objectifs professionnels, je pense aussi que je peux apporter en échange une contribution significative à la vie de l'école… »**

P4 « Comme je vous le disais, je pense que votre école peut beaucoup m'apporter d'un point de vue personnel (tissu associatif, les amitiés que je vais tisser avec mes futurs camarades)… Mais je pense surtout qu'il est de mon devoir d'apporter ma contribution à la vie de l'école. »

Mentionnez ensuite deux hobbies clés + deux associations qui justifient le choix de l'école.

C « Voilà. J'en ai terminé avec ma présentation. Souhaitez-vous que je revienne sur un point particulier ? »

44 Entretiens
18 questions incontournables

1 Racontez-nous une expérience dans le cadre de laquelle vous avez eu à faire preuve d'initiative. Parlez-nous d'une expérience où vous avez démontré votre potentiel d'entrepreneur / de leader.

Cette prise d'initiative n'a pas besoin d'être gigantesque ! Même modeste, elle sera de nature à convaincre votre jury de votre aptitude en la matière. L'important ne réside donc pas tant en l'expérience ayant servi de cadre à votre prise d'initiative qu'en votre capacité à en rendre compte de façon concise et structurée.

Quelle que soit l'expérience que vous allez choisir et évoquer, vous devez vous efforcer de situer, en quelques phrases, le contexte ayant présidé à votre prise d'initiative. Puis vous devez clairement expliquer ce en quoi votre action a consisté et ce en quoi elle a représenté une prise d'initiative.

Ne vous arrêtez pas, si vous le pouvez à la seule exposition de votre prise d'initiative. Votre jury appréciera que vous soyez capable d'aller plus loin et d'effectuer le bilan de votre action, donc que vous soyez apte à en tirer leçons et enseignements. Votre initiative a-t-elle été bien reçue ? Quelles difficultés avez-vous rencontré ? Referiez-vous les choses à l'identique ?

En effet, personne ne vous demande d'être infaillible. Vous avez donc absolument le droit de considérer que vous vous y êtes pas très bien pris ou que, si c'était à refaire, vous vous y prendrez, sur tel ou tel plan, autrement.

Votre jury appréciera en tout cas que vous soyez capable de prendre de la distance vis-à-vis de vos propres actions et expériences et que vous en tiriez des enseignements pour progresser. Sans tomber dans l'autocritique à tout crin, n'hésitez donc pas à vous remettre en cause.

2 Racontez-nous votre plus cuisant échec.

Si une telle question vous est posée, vous devez vous demander pourquoi. La réponse résidera souvent en l'impression de trop grande confiance en vous-même que vous avez donné. Si le jury ressent le besoin de vous entendre vous exprimer sur un échec, c'est qu'il a jusqu'alors éprouvé la sensation que vous n'en aviez pas connu beaucoup…

Vous devez donc impérativement rectifier le tir et montrer que vous avez compris pourquoi la question vous était posée, sauf à courir le risque d'être définitivement perçu comme trop parfait…

En second lieu, une question de ce type n'a évidemment pas vocation à vous permettre de tomber dans l'autocritique définitive, mais à apprécier la façon dont vous avez vécu votre échec et dont vous l'avez dépassé. Au fond, la véritable question est celle-ci : qu'avez-vous fait et comment vous y êtes-vous pris pour aller au-delà de votre échec ?

L'enjeu de votre réponse ne réside donc pas tant en l'évocation de l'échec lui-même qu'en votre capacité à le disséquer et le comprendre, ainsi qu'à évoquer les mesures que vous avez su prendre pour le dépasser.

Prenons un exemple. Admettons que vous vous soyez déjà présenté au concours d'entrée à l'école à laquelle vous postulez et ayez été recalé. Vous pouvez tout à fait considérer, si tel est votre cas, qu'il s'agit là de l'échec dont vous allez entretenir votre jury.

Vous devez alors expliquer brièvement que vous avez échoué l'année précédente et ne pas hésiter à préciser que cet échec vous a beaucoup affecté. Vous poursuivez alors en expliquant que vous avez, après une phase de déception, cherché à comprendre les erreurs que vous aviez commises. Suivant les cas, vous évoquerez la mauvaise gestion du temps ou le manque de méthode dans le cas des épreuves écrites, une insuffisante préparation ou une faible maîtrise de l'anglais dans le cas des épreuves orales.

Vous poursuivez ensuite en précisant les mesures que vous avez prises, suite à votre diagnostic, pour pallier vos manques et concluez en considérant que les échecs admis, analysées et compris rendent plus fort et permettent en définitive la réussite…

De nouveau, ce n'est pas tant votre échec en soi qui importera au jury que la description de ce que vous avez ressenti et de la façon dont vous vous y êtes pris pour le surmonter.

3 Pourquoi notre école ?

Cette question n'est pas bien difficile. Revoyez la fiche « Pourquoi une école de commerce ? », reprenez le même raisonnement et illustrez bien sûr vos propos à l'aide d'arguments spécifiques à l'école que vous présentez.

4 Si vous êtes admis dans notre école et une autre (moins bien classée / mieux classée), laquelle choisissez-vous ?

Cette question délicate peut trouver son origine dans les doutes qu'éprouve le jury quant à votre motivation. En d'autres termes, parce qu'il ne vous sent pas très motivé ou très proche de son école, un jury se demandera pourquoi. Dans ce cadre, il cherchera à mesurer votre motivation en vous projetant dans une perspective de choix entre son école et une autre.

La question est délicate parce que vous contraignant, même si vous ne le pensez pas vraiment, à répondre comme le jury l'attend. Les écoles de commerce sont, vous devez le conserver en tête, en concurrence entre elles et apprécient peu les candidats admis et optant pour une autre école que la leur.

Partant, vous n'avez, au stade de l'oral, pas le choix. Vous devez forcément, sauf à vous « griller », déclarer votre préférence pour l'école dont le jury en face de vous garde l'entrée et argumenter en sa faveur. Vous ne savez d'ailleurs pas, à ce stade, si vous serez admis en plusieurs établissements ou pas. Votre présence face à ce jury vous impose de faire le maximum pour intégrer son école, donc de considérer que cette dernière est votre préférée.

Sans nier les qualités des autres écoles et tout en montrant que vous les connaissez également bien, vous devez donc bâtir votre réponse en faisant ressortir les atouts et différences de celle face à laquelle vous vous trouvez. Dans le cas inverse, soyez conscient que vous réduisez vos chances d'intégration, ce qui, du point de vue du jury, est logique : il a en effet pour fonction de mesurer et d'apprécier la motivation des candidats se présentant à lui. Si vous émettez une préférence pour une autre école, il est probable qu'il considérera votre motivation pour sa propre école comme insuffisante.

Par voie de conséquence, face au jury d'une école donnée, soyez sans hésitation : l'école vous correspondant est la sienne, sans ambiguïté, et vous devez l'en persuader en multipliant les arguments (cours, enseignants, valeurs de l'école, associations d'étudiants vous convenant, dynamisme de la région…).

5 Qu'imaginez-vous vivre dans notre école ? Faites-nous vivre une de vos premières journées au sein de notre école (en admettant que vous soyez admis bien sûr).

Cette question n'est pas une question simple. Certes, vous pouvez demeurer générique dans votre réponse, et évoquer « de riches moments d'échange », « des moments humains de qualité », « l'aboutissement de projets multiples »... Mais une réponse de ce type demeurera vague et applicable à toutes les écoles. Vous devez faire mieux.

Une bonne réponse passe par la connaissance intime de votre future école et ses particularités, en termes d'ambiance, de mode de travail en groupe, d'activités festives et collectives. Vous devez en effet comprendre le terme « vivre » au sens fort et plein, comme s'agissant au fond d'une expérience et produire une réponse étroitement liée à l'école et ses spécificités.

De nouveau, l'immersion à laquelle vous vous serez adonné facilitera la production d'une réponse adéquate et distinctive.

6 Que comptez-vous apporter à notre école ? Que comptez-vous apporter de plus que les autres à notre école ? En quoi êtes-vous différent/meilleur que les autres candidats ?

Cette question pourra vous être posée si vous donnez l'impression de penser un peu trop à vous et n'avez pas songé, de vous-même, à évoquer ce que vous étiez à même d'apporter à votre future école. S'il demeure évident que le rapport des apports est déséquilibré et que vous retirerez plus de l'école que vous ne lui apporterez, il importe néanmoins que vous vous placiez dans la perspective d'un échange et ne demeuriez pas égoïste.

Si vous avez travaillé votre « triangle », cette question ne vous désarçonnera pas. Vous devrez en tout état de cause éviter les réponses bateau, du type « mon enthousiasme », « mon dynamisme », « mon envie ». Un peu creuses, ces réponses sont de surcroît appelées à être produites par bon nombre de candidats.

Même si cela n'empêche nullement l'enthousiasme, vous devez donc être plus précis. Ce que vous vous proposez d'apporter à votre future école résidera en vos expériences, vos aptitudes et leurs particularités. Que ces dernières s'inscrivent dans le champ professionnel, culturel ou des loisirs, vous devez les évoquer et expliquer que vous entendez les mettre au service des autres.

Une bonne réponse à cette question passe par la parfaite connaissance préalable du tissu associatif de votre future école. Vos apports résideront en effet de la rencontre, de ce tissu et de vos spécificités. En d'autres termes, vous avez l'intention de vous immerger en une ou plusieurs associations, existantes ou à créer, en fonction de vos expériences. Que vous maîtrisiez les échecs, pratiquiez le théâtre amateur, ayez vécu une expérience humanitaire au Mali, adoriez le cinéma de science-fiction, possédiez un bon niveau en voile ou en tennis, soyez dirigeant d'association ou chantiez dans une chorale importe peu au fond.

7 Que faites-vous si votre candidature n'est pas retenue ? Avez-vous un plan B ?

Il s'agit là d'une question délicate. En effet, répondre par la positive revient à dire que vous n'êtes pas certain d'intégrer l'école de votre choix, répondre par la négative consiste à permettre à votre jury de comprendre que vous êtes quelque peu imprévoyant. Cette question consiste au fond à vous demander si vous avez envisagé l'échec.

Votre réponse doit être structurée en plusieurs temps.

Dans un premier temps, vous devez réaffirmer avec conviction et sans ambiguïté l'intérêt que vous portez à l'école en face du jury de laquelle vous vous trouvez. Naturellement, cette réaffirmation de votre intérêt s'accompagne de l'évocation des principales raisons justifiant ce dernier. Vous profitez donc d'une question envisageant votre échec pour évoquer de nouveau votre motivation, donc visant à réduire encore les possibilités d'un tel échec.

Pour autant, vous devez répondre à la question qui vous est posée. À ce stade, votre réponse doit être claire. Votre jury s'attend à ce que le futur dirigeant d'entreprise ou d'activité que vous êtes montre qu'il possède les qualités détenues à ce niveau de poste. Une des qualités des dirigeants réside en leur aptitude à « avoir un coup d'avance », donc, en d'autres termes, à savoir anticiper.

Par voie de conséquence, vous répondrez donc, dans un second temps, positivement à la question. Parce que vous avez l'étoffe d'un dirigeant, vous avez donc le sens de l'anticipation et avez donc prévu que vous pourriez échouer. Vous avez donc naturellement assuré vos arrières et les évoquez, mais brièvement.

Idéalement, vos « arrières » ne peuvent consister en une autre école de commerce dans laquelle vous seriez admis, mais plutôt en une année universitaire ou l'évocation de stages, logiquement appelés à être effectués dans la perspective de l'affermissement de votre projet professionnel.

Naturellement, vous concluez en précisant que vous êtes quelqu'un de positif, donc que vous ne voulez pas envisager le pire pour l'instant.

8 Quel est votre projet professionnel ?

Cette question est, sous une forme ou une autre, inévitable. L'objectif d'une école de commerce n'est pas de « fabriquer » des diplômés, mais de fournir au marché du travail et aux entreprises les « produits » en adéquation avec leurs besoins.

En toute logique, vous avez donc une idée de projet professionnel, découlant ou illustrée par des expériences et dont la concrétisation passe par le suivi de l'enseignement dispensé dans l'école à laquelle vous aspirez. Et c'est parce que vous avez ce projet que vous avez constaté que son accomplissement passait par l'école à laquelle vous aspirez. **L'école et son diplôme ne sont en effet pas des fins en soi.**

Il demeure évident que les attentes des jurys vont de pair avec le niveau d'expérience et d'études des candidats. Par voie de conséquence, les étudiants issus de classes préparatoires et, *a fortiori*, ceux visant à intégrer une école en admission parallèle sont tenus d'avoir un projet professionnel.

Un projet professionnel se décompose en deux dimensions, voire trois, que sont le poste, le secteur et, le cas échéant, le pays ou la région du monde. De ce point de vue donc, un projet professionnel ne saurait se résumer à « l'envie de travailler à l'international », trop imprécise. À l'identique, « dans le marketing » peut gagner en précision, en évoquant par exemple le poste de chef de produit.

Votre réponse à cette question doit être concise : *« parce que le marketing m'intéresse et m'attire et que le secteur de la téléphonie est porteur et innovant, j'aspire à devenir chef de produit dans la téléphonie »*. Comme vous l'imaginez, cette question sera suivie de plusieurs autres, touchant au secteur et au poste et visant à s'assurer que vous savez de quoi vous parlez, donc que votre projet a une réelle consistance.

Entendons-nous cependant. Vous aurez bien le droit, durant vos études, de changer d'avis ! Rassurez-vous : personne n'ira vérifier que votre projet a évolué ou que vous en avez changé !

9 Et dans cinq ans, que vous voyez-vous faire ? Et dans dix ans ? Et dans vingt ans ?

Il s'agit là d'une question délicate, à laquelle les membres du jury auraient été bien en peine de répondre à votre âge… Ceci dit, si elle vous est posée, vous allez devoir y répondre.

La première précaution à prendre consiste à ne pas aborder la seule dimension professionnelle. Votre jury sera sensible à ce que vous évoquiez également votre vie personnelle, associative, sportive, donc que vous donniez l'impression d'un candidat équilibré et multipolaire.

La deuxième précaution doit vous amener à vous projeter de façon tout à la fois logique et ascendante.

Votre jury s'attend, de façon sans doute un peu conservatrice, à ce que vous soyez logique dans votre trajectoire. En d'autres termes, vous ne pouvez que difficilement évoquer une perspective à cinq (ou dix) ans déconnectée de vos futures études et de l'école à laquelle vous aspirez. Si vous avez présenté un projet professionnel tournant autour de la négociation internationale, votre jury ne s'attend pas à ce que vous vous voyez en apiculteur cinq ans après votre diplôme… Logiquement, il s'attend à ce que vous vous voyez évoluer dans le commerce international. Sans doute serez-vous animateur de radio, directeur de cirque ou maire de votre commune… mais n'oubliez pas que vous devez convaincre votre jury de vous faire confiance. Cette confiance naîtra d'autant plus aisément que votre projection présentera une cohérence par rapport à votre projet professionnel et à vos futures études.

En second lieu, votre jury s'attend à ce que vous soyez ambitieux. Même si être ambitieux ne signifie pas forcément être carriériste, vous devez faire preuve d'une certaine conscience de votre valeur. Vous devez donc, à cinq et *a fortiori* dix ans, vous projeter dans une fonction et à un niveau de manager ce à quoi votre future école entend d'ailleurs vous former.

Si nous prenons l'exemple du marketing, vous pouvez donc répondre que vous vous voyez chef de groupe marketing dans une grande structure ou directeur marketing dans une organisation de taille moindre. Vous convaincrez ainsi votre jury de votre volonté d'ancrage dans votre filière et lui montrerez que vous connaissez les différents échelons hiérarchiques de celle-ci…

10 Pourquoi vous intéressez-vous à… ?

La question ci-dessus présuppose que vous vous intéressez à quelque chose… Il est évidemment nettement préférable que ce soit le cas, sauf à courir le risque de passer, aux yeux de votre jury, pour une personne sans relief et sans grande particularité.

Que vous vous intéressiez à la politique, à la botanique, au micro crédit, au sport, à la peinture impressionniste, aux poupées anciennes ou au théâtre d'avant-garde ou à quoi que ce soit d'autre importera en définitive moins que votre capacité à faire partager vos passions.

Là aussi, deux ou trois arguments précis suffiront, dès lors que vous les illustrez de façon concrète. L'attente des jurys consiste en effet plus à vous entendre expliquer les pourquoi de vos passions.

Dans cette optique, tentez d'éviter les lieux communs en vous demandant pourquoi, au fond, les passions qui sont les vôtres sont les vôtres.

10 Quel fait d'actualité vous a marqué récemment ? Quel fait d'actualité récent n'a pas eu selon vous l'écho qu'il aurait dû avoir ?

Souvenez-vous des attentes des jurys. Ils attendent de vous que vous soyez un « honnête homme », donc, entre autres, école de commerce et de management oblige, que vous soyez au courant de l'actualité, et notamment de l'actualité économique et des entreprises.

Vous suivez donc l'actualité avec attention dans tous les registres. La question qui vous est posée, destinée à cerner vos centres d'intérêt, peut vous permettre d'exprimer un point de vue personnel sur un sujet, traité ou maltraité, par l'actualité. Ne vous sentez pas contraint d'évoquer la dernière augmentation de capital d'une grande entreprise ou une récente intervention de la Présidente du Medef. Vous pouvez en effet profiter de la question pour aborder un thème vous important plus, touchant par exemple au management responsable ou au développement durable.

Parce que vous avez en permanence en tête le triangle des attentes du jury, vous pouvez néanmoins, sans trop en faire, chercher un fait qui vous permette d'établir un lien avec vos futures études, et/ou les valeurs de l'école à laquelle vous aspirez.

Vous pouvez même choisir de répondre en deux temps, en choisissant deux événements. Le premier peut par exemple avoir trait à votre future école et concerner un succès récemment obtenu par elle, le second ayant une portée plus large, plus sociétale, mais que vous pouvez lui rattacher.

12 Comment les autres vous perçoivent-ils ? Comment votre meilleur(e) ami(e) vous décrit-elle ? Quelle empreinte laissez-vous quand vous rencontrez quelqu'un pour la première fois ? Quelle empreinte laissez-vous quand vous quittez un lieu ?

Si vous avez réellement préparé votre entretien donc suivi nos préconisations, cette question délicate ne doit pas vous poser de difficultés particulières.

Pour autant, votre réponse doit être entourée des prises de précaution suivantes. La première d'entre elles consiste à s'appuyer explicitement sur les autres, ceux dont vous avez recueilli les impressions et la perception. Dans ce cadre, évitez de faire référence à des personnes trop proches de vous, dont l'objectivité pourrait être mise en doute, et évoquez préférentiellement un enseignant, un entraîneur, un directeur d'association, personnes de nature à vous évoquer en termes plus neutres.

Deuxième précaution : soyez franc. Ne vous inventez pas des qualités que votre jury pourrait ne pas percevoir. Si vous vous savez un peu réservé ou timide, ne prétendez pas que les autres vous trouvent extraverti et communicatif. Votre jury sera en effet sensible à la cohérence se dégageant de la perception que des tiers ont eu de vous et de celle qu'il a lui-même.

Pour autant, ne vous flagellez pas. Évoquez plutôt quelques qualités, en vous centrant sur des qualités reconnues comme nécessaires ou utiles dans un cadre professionnel et attendez une question sur vos défauts ou vos limites pour les évoquer.

Partant de là, votre réponse peut prendre la forme suivante : « *Je sais que nous n'existons que dans le regard des autres. J'ai donc demandé à plusieurs personnes autour de moi comment elles me percevaient. Un enseignant et mon entraîneur de tennis de table m'ont répondu qu'ils me percevaient comme quelqu'un de combatif, d'ouvert et de souple. Selon eux, j'ai démontré ma combativité lorsque...* ».

13 Quelle attitude adoptez-vous en cas de conflit dans un groupe ?

Même si les réponses sont libres, il est des questions dont il est permis de se dire que les jurys attendent préférentiellement une réponse donnée.

Vous êtes un dirigeant en puissance et considéré comme tel. Vous devez donc posséder certains des réflexes de vos futures fonctions. Vous vivrez forcément, dans votre future organisation, des conflits entre individus et serez contraint d'intervenir.

Au fond, la question vous est posée afin de déceler en vous des aptitudes à la prise de hauteur, à la conciliation et la prise de décision.

Première mesure à prendre : vous devez donc intervenir. Vous ne pouvez en effet pas laisser le conflit s'accroître ou dégénérer et avez vocation à séparer les combattants.

Dans un deuxième temps, vous devez chercher à connaître les thèses en présence et comprendre le point nodal du conflit.

Puis vous chercherez, sur la base des positions exprimées par les protagonistes et les informations complémentaires que vous vous serez procurées, vous chercherez à les rapprocher et, le cas échéant, arbitrerez entre les positions, en prenant la précaution d'expliquer pourquoi vous adoptez la position que vous adoptez.

14 Quel est le dernier livre que vous avez lu ? Quel est le dernier film que vous avez vu ? Quelle est la dernière pièce que vous avez vue ? Quelle est la dernière exposition à laquelle vous vous êtes rendu ?

Sauf si vous ne lisez jamais et n'allez jamais au cinéma, cette question n'est pas une question piège. Elle ne vise qu'à mieux vous connaître, en partant de l'adage selon lequel nous sommes ce que nous lisons ou, en d'autres termes, que notre consommation culturelle traduit et révèle nos goûts, donc notre personnalité.

Ceci dit, n'oubliez pas que les jurys s'attendent à rencontrer « d'honnêtes hommes ». Cette dimension s'apprécie notamment au travers de l'immersion dans l'actualité ainsi que par la curiosité dont les candidats font montre, dans leur consommation culturelle par exemple. Il s'agit donc de questions auxquelles vous avez des réponses…

Votre jury n'attend pour autant pas de réponse particulière à ce type de question. Vous n'êtes donc nullement contraint d'évoquer le dernier vainqueur du Festival de Cannes ni le roman à succès de la rentrée littéraire.

Il importe en revanche que vous preniez quelques précautions. Tout d'abord, tentez d'éviter les livres ou les films considérés, à tort ou à raison, comme peu sérieux. Souvenez-vous que votre jury va se faire, d'après votre réponse, une opinion sur vous. Vous avez bien sûr le droit d'adorer la bande dessinée ou les comédies légères. La question qui se pose à vous est de savoir si vous avez envie d'être perçu comme tel ou si vous préférez donner l'impression d'un étudiant plus « sérieux ». Privilégiez donc un livre ou film exprimant plus immédiatement « l'honnête homme » que vous êtes.

La deuxième précaution que vous prendrez consistera à choisir un livre que vous avez vraiment lu ou un film que vous avez vraiment vu ! N'excluez en effet surtout pas qu'un membre de votre jury puisse l'avoir lu ou vu et vous demande par exemple ce que vous pensez de la posture du héros dans telle ou telle circonstance, de la scène dans laquelle les personnages dînent ensemble…

Dans un troisième lieu, vous devez surtout vous focaliser sur les raisons vous ayant amené à choisir les œuvres que vous avez choisi. En quoi vous ont-elles intéressé ? Qu'en avez-vous retenu ? Que vous ont-elles permis de comprendre ?

Enfin, si vous le pouvez, choisissez un livre ou un film vous permettant de rebondir sur votre personnalité, votre projet, voire votre future école. Sans aller jusqu'à la présentation d'un héros intrépide et invincible (!), vous devez essayer d'établir des liens avec vous ou vos qualités ou, le cas échéant, votre projet professionnel.

« Mon film préféré est "Black Swan", de Darren Aronofsky. J'aime ce film parce qu'il est vraiment déroutant et qu'il me fait perdre pied à chaque fois que je le visionne. Au-delà de la perfection de l'image qui est incontestable, je trouve que le film fait chavirer le spectateur lorsque la schizophrénie gagne le personnage principal. Il est sublime et dérangeant. L'univers de la danse classique est un milieu que je connais pour avoir été danseuse moi-même. Natalie Portman est époustouflante dans son interprétation. J'y ai perçu une forme de mise en abîme au sujet du travail d'interprétation de la

danseuse avec son rôle de reine des cygnes et de Nathalie Portman dans son rôle d'actrice. Jusqu'à quel point entre-t-on dans son rôle ? Bref, c'est pour moi un chef d'œuvre. Vous savez, j'ai dans mon panthéon cinématographique, un certain nombre de films que j'aimerais partager avec les étudiants de votre école, en organisant des soirées ciné débat, en collaboration avec le Bureau des arts. ».

15 Étonnez-nous ! Surprenez-nous !

Fréquemment vécues comme très déstabilisantes, des questions de ce type ont une signification que vous devez au préalable identifier. Posées sans perversité, elles sont néanmoins suffisamment perturbantes pour vous amener à vous demander pourquoi elles vous sont posées.

Selon toute vraisemblance, l'administration de ces questions découle de l'impression que vous avez, au stade de l'entretien où elles vous sont posées, faite à votre jury. En effet, parce que vous avez donné l'impression d'une personnalité austère ou que votre trac vous a empêché de vous livrer et de vous dévoiler, le jury ressent alors le besoin de briser le voile vous protégeant.

Comme face à toute question déstabilisante, vous ne devez surtout pas montrer que vous êtes déstabilisé par la question. Prenez quelques secondes en regardant de façon pondérée tour à tour les membres de votre jury. Si vous y parvenez, vous avez d'ores et déjà marqué des points dans l'esprit de votre jury, en démontrant votre capacité à ne pas être déstabilisé.

Ceci dit, il va vous falloir néanmoins répondre. Si vous avez du culot, selon votre tempérament et votre personnalité, votre réponse pourra consister, à l'issue de l'échange de regards avec les membres de votre jury, à tout simplement répondre : « voilà », puis à regarder de nouveau patiemment les membres de votre jury en les laissant réagir et reprendre la parole. En toute logique, votre jury comprendra alors que vous avez cherché à l'étonner en faisant preuve d'audace et de laconisme et se félicitera de votre réaction. De plus le silence et l'échange de regards suivant votre « voilà » lui montrera que vous n'avez pas été désarçonné et que vous êtes parvenu à maintenir votre échange sur un mode égalitaire. Il passera à autre chose.

16 Faites-nous rire !

Classique, cette question n'en demeure pas moins une des questions les moins bien vécues par les candidats à qui elle est posée.

Là aussi, préalablement à votre réponse, vous devez vous demander pourquoi une telle question vous est posée. Vraisemblablement avez-vous donné l'impression d'un candidat trop sûr de lui, amenant alors votre jury à vouloir vous rudoyer quelque peu. Dans certains autres cas, les étudiants se voyant administrer cette question ont présenté une personnalité renfermée et austère.

Face à cette question, comme face à toute question de nature déstabilisante, prenez quelques secondes avant de répondre. Ce laps de temps, même court, pendant lequel vous garderez le silence et regarderez vos interlocuteurs vous permettra de comprendre pourquoi la question vous est posée et comment vous allez y répondre. De plus, cette posture montrera aux membres de votre jury que vous ne vous laissez pas démonter par une question perturbante et demeurez bien d'aplomb.

Comme vous le savez, il n'y a rien de plus personnel que l'humour. Il n'est donc pas question pour vous d'envisager de raconter une blague ou une plaisanterie : vous risqueriez de tomber à côté ou d'indisposer un des membres de votre jury. De toute façon, convainquez-vous bien que votre jury n'attend d'ailleurs pas que vous vous orientez dans cette voie. La question a en effet pour but d'apprécier vos réactions face à l'inattendu ou au déroutant, bien plus que vous entendre reprendre à votre compte les saillies d'un humoriste.

Ceci dit, là aussi, il va vous falloir jouer le jeu et répondre. Si vous en avez la capacité, donc si, en d'autres termes, vous avez « des billes », vous pouvez élever le débat en vous demandant, entraînant ainsi votre auditoire dans votre réflexion, ce en quoi consiste le rire, à quelle fonction il obéit, quels en sont les principaux mécanismes déclencheurs. Ce faisant, vous prenez de la hauteur et, en vous appuyant sur Bergson, pouvez évoquer le rôle de soupape du rire.

Sinon, vous pouvez répondre, plus classiquement, que vous serez ravi de vous détendre avec vos interlocuteurs, mais que vous demeurez pour l'instant concentré sur votre objectif, qui est de réussir votre entretien, ou que, lorsque vous vous essayez à l'humour, cela tombe souvent à côté...

En tout état de cause, demeurez paisible. Si vous faites preuve d'agressivité, en faisant par exemple comprendre au jury que vous considérez cette question comme déplacée ou incongrue, il risque fort de vous rétorquer que, jusqu'à plus ample informé, c'est lui qui choisit le contenu et la direction donnée à votre entretien et que, de plus, vous perdez bien vite votre calme...

17 Quelle question n'auriez-vous pas voulu que l'on vous pose ?

De nouveau, votre jury n'attend pas tant que vous répondiez à la question que de constater quelles réactions elle engendre chez vous, comment vous vous y prenez pour la traiter, quels chemins vous empruntez et quelle démarche sous-tend votre réflexion.

Deux solutions de réponse s'offrent à vous, la classique et l'audacieuse. La réponse classique consistera à évoquer votre vie privée pour préciser que vous désirez la laisser en dehors de l'entretien. Par voie de conséquence, vous n'entendez pas que vos parents ou votre conjoint éventuel soient évoqués, ainsi que votre sexualité, vos idées politiques ou votre religion par exemple.

Une réponse plus audacieuse consistera à regarder posément le membre du jury et à répondre simplement : « *celle que vous venez de me poser* », puis à demeurer silencieux en attendant la question suivante. Si vous optez pour cette réponse, veillez à demeurer modeste et à ne pas adopter de posture triomphaliste donnant à penser que vous savez que votre réponse est habile...

18 Quelle note mettriez-vous à votre entretien ?

Encore une question relativement déstabilisante pour un candidat qui n'y a jamais vraiment réfléchi. C'est une question piège à laquelle vous ne pouvez apporter que des mauvaises réponses. Répondez 20/20 et vous serez jugé comme un candidat prétentieux. Répondez 10/20 et vous signerez vous-même votre échec. Ce n'est pas à vous de vous évaluer et il ne faut en aucun cas donner une note !

Nous vous conseillons de détourner le piège en revenant sur un point que vous avez oublié d'aborder ou qui mérite de plus amples explications. Vous pouvez décliner poliment ce cadeau empoisonné en précisant que l'on n'est jamais bon juge de soi-même. Puis, renouvelez vos motivations.

« Écoutez je ne préfère pas me prononcer à ce propos. Je pense en tout cas que cet entretien ne serait pas réussi si je sortais sans vous parler de ma passion pour la musique classique. Si vous me le permettez, j'aimerais vous dire quelques mots sur ma pratique du violoncelle [...] *».*

ou

« Je ne saurais me donner une note. J'espère en tout cas vous avoir fait part au mieux de mon envie d'intégrer XXX et surtout, j'espère que vous aurez accueilli favorablement mon projet professionnel. Si vous le désirez, je peux revenir sur un point de ma présentation sur lequel je suis passé trop rapidement. »

45 Entretiens

Qualités et défauts

« *Connais-toi toi-même* », disait Socrate. Vaste programme… auquel il va falloir pourtant vous atteler. Sous une forme ou sous une autre, la question vous sera vraisemblablement posée. Elle constitue en effet LA question pivot de la partie « personnalité » des entretiens d'admission. Délicate, cette question appelle pourtant de votre part une réponse.

Pour ce faire, vous devez prendre plusieurs précautions majeures.

- La **première** réside en le travail d'introspection auquel vous vous êtes adonné. Ce dernier vous a fourni le matériau nécessaire à votre réponse.

- **Deuxième précaution :** répondez franchement et directement. Si certains étudiants sont tentés par la réalisation d'une pirouette, comme « j'ai les qualités de mes défauts », ou « j'ai toutes les qualités sauf une : la modestie », ils ne s'exonèrent pourtant pas de la réponse à la question. De ce fait, une réponse commençant par « je vais vous parler d'une expérience qui permet de comprendre mes qualités et mes défauts » ne conviendra qu'à demi, dans la mesure où la question posée n'était pas celle appelant une réponse ainsi formulée. Pour la même raison, vous ne pouvez pas entamer votre propos par « les autres disent de moi que je suis… ». La question qui vous est posée, sous-entend que vous répondiez vous-même, donc en prenant la distance qu'affectionnent les jurys vis-à-vis de vous-même.

- **Troisième précaution :** commencez par évoquer vos défauts. Vous devez naturellement admettre leur existence, tout en veillant à trois choses.

  Dans un premier temps, choisissez vos défauts, vos limites ou vos faiblesses en connaissance de cause. En d'autres termes, évoquez des défauts secondaires dans l'optique de vos futures études, ou des qualités-défauts. Les qualités-défauts sont des caractéristiques de caractère ou de comportement dont l'excès peut devenir un défaut ou dont la perception peut varier en fonction du degré.

  Prenons l'exemple de l'impatience. Vouloir les choses et les attendre constitue une qualité en soi, dont l'outrance amènera à basculer dans l'excès, donc dans le défaut. Question de degré et de point de vue donc.

Dans un second temps, veillez à préciser, sans attendre la question, que vous en êtes conscient et que vous travaillez dessus, dites comment et à quels résultats vous êtes parvenu (ex. : timidité ↔ théâtre ; nervosité ↔ yoga/sophrologie).

Concernant vos qualités, la quatrième précaution que vous prendrez consistera à en évoquer en relation avec ce que vous savez être les attentes de vos interlocuteurs, tout en demeurant franc. Naturellement, si vous êtes par exemple animé de l'esprit d'équipe et de la volonté de faire avancer les projets auxquels vous participez, vous devez l'évoquer. Là aussi, n'hésitez pas à prendre des exemples, issus de vos expériences professionnelles ou associatives, venant appuyer et crédibiliser vos dires.

- **Dernière précaution :** vous devez donner l'impression d'improviser un tant soit peu. Si cette question, classique, est souvent préparée par les candidats, souvenez-vous que les jurys n'apprécient que fort modérément les discours appris et déglutis. À réciter une réponse apprise par cœur, vous courrez le risque de questions plus pointues, plus directes ou plus personnelles…

Liste de qualités à mentionner en entretien

Astucieux, attentionné, audacieux, chaleureux, curieux, débrouillard, déterminé, diplomate, énergique, engagé, jovial/gai, loyal, méthodique, organisé, pragmatique, sens des responsabilités, à l'écoute, rapide, fiable, rigoureux, sensible, tenace, drôle

ASTUCE Pour la question des qualités, évoquer une qualité qui vous sert au quotidien (ex. : débrouillard, énergique, méthodique), une qualité professionnelle (fiable, ponctuel, sens des responsabilités, rapide) puis une qualité d'ouverture (que les autres apprécient. Ex. : à l'écoute, chaleureux, loyal).

Liste de défauts à mentionner en entretien

Anxieux, capricieux, colérique, distrait, émotif, envahissant, excessif, impulsif, intransigeant, maladroit, nerveux, orgueilleux, râleur, susceptible, timide (manque de confiance)

ASTUCE Ne dites pas : « je suis quelqu'un de distrait » mais « je gagnerais à être plus concentré dans le cadre de mon travail personnel à la maison ». Ne dites pas non plus : « Je suis timide » mais « J'aimerais beaucoup avoir davantage confiance en moi ».

46 Entretiens

Actualités 1

Pendant les épreuves orales d'entretien, les jurys d'admission des écoles du concours Accès convoquent toujours des questions liées à l'actualité des derniers mois. L'objectif est de s'assurer que vous êtes curieux et ouvert sur le monde qui vous entoure et que vous êtes doté d'une solide culture générale… des qualités indispensables au futur manager que vous serez à moyen terme.

Il est donc essentiel que vous teniez à jour un carnet d'actualités dans lequel vous consignez mois après mois les faits marquants d'actualité, chiffres et autres sujets débattus dans l'espace public.

[Janvier 2022]

▶ Après la Slovénie, la France a pris la présidence du Conseil de l'Union européenne.

▶ Des émeutes ont éclaté à Almaty, au Kazakhstan, dans le contexte de la crise sociale et politique et notamment contre l'augmentation du prix du gaz. Des centaines de manifestants ont été tuées et des milliers arrêtés.

▶ Le bâtiment du Parlement d'Afrique du Sud a été ravagé par les flammes. Un pyromane de 49 ans a été arrêté pour « vol avec effraction et incendie criminel ».

▶ Le site d'information libéral en ligne Citizen News, à Hong Kong, a cessé ses activités. Les deux journalistes du média ont été arrêtés.

▶ Le président et directeur d'exploitation de Theranos, Ramesh Balwani ainsi que l'américaine Elizabeth Holmes ont été condamnés pour fraude par le tribunal de San José, en Californie.

▶ Le leader mondial de l'eau et du traitement des déchets, Veolia, a été racheté par son concurrent Suez pour 13 milliards de dollars.

▶ Le *New York Times* a acquis *The Athletic*, un site d'information sportive pour un montant de 550 millions de dollars.

▶ Des chirurgiens américains ont réalisé la première transplantation d'un cœur de porc sur David Bennett âgé de 57 ans.

▶ Michel Houellebecq a publié son huitième roman de 738 pages.

▶ L'acteur et réalisateur américain Sidney Poitier est décédé à Beverly Hills à l'âge de 94 ans. Il a été la première star noire et a reçu un Oscar dans les années soixante.

▶ Les chefs d'État et de gouvernement de la Communauté économique des États de l'Afrique de l'Ouest (CEDEAO) et l'Union monétaire de l'Afrique de l'Ouest (UEMOA) ont décidé, au Ghana, de mettre le Mali sous embargo. Les frontières ont été fermées, les échanges commerciaux suspendus, les aides financières coupées.

▶ Le réalisateur, producteur et scénariste Jean-Jacques Beineix meurt à l'âge de 75 ans. Il a réalisé des films cultes comme « 37°2 le matin », « La lune dans le caniveau ».

▶ L'homme le plus détesté d'Amérique, Martin Shkreli a été condamné à restituer 65 millions de dollars. Somme dont il avait tiré profit de ses pratiques anti-concurrentielles.

▶ Le pilote automobile qatari, Nasser al-Attiyah, a remporté, avec son 4X4 Hilux Toyota, le rallye-raid Dakar, après ses victoires en 2011, 2015 et 2019.

▶ L'architecte catalan, Ricardo Bofill, est décédé à Barcelone à l'âge de 82 ans. De Chicago à Casablanca, de Montpellier à Pauillac, cet architecte postmoderne a conçu des espaces influencés par Ledoux, Mansart, Palladio.

▶ Le couturier italien, Nino Cerruti, est décédé à l'âge de quatre-vingt-onze ans, dans le Piémont. L'entrepreneur a repris l'usine textile familiale, pour fonder sa maison de haute couture.

▶ Donald Trump a fait son retour en politique dans un meeting à Florence, en Arizona. Sous la bannière de son slogan « Save America », l'ancien président des États-Unis a rassemblé ses supporters.

▶ Le tennisman serbe, Novak Djokovic, premier joueur mondial au classement ATP (Association of Tennis Professionals), a été mis en quarantaine dans sa chambre d'hôtel à Melbourne, car il n'était pas vacciné contre le Covid-19. Les autorités australiennes ont expulsé la star mondiale de tennis.

▶ Roberta Metsola a été élue, à l'âge de 43 ans, présidente du Parlement européen pour une durée de six mois.

▶ Microsoft a racheté, par sa filiale, Xbox Game Studios, l'un des plus grands éditeurs de jeux vidéo au monde, Activision Blizzard, pour un montant de 69 milliards de dollars.

▶ Au Parlement européen, les eurodéputés ont adopté le Règlement sur les services numériques (Digital Services Act) à 530 voix contre 78. La loi doit permettre de réguler le fonctionnement des sites Internet et de bannir les contenus illicites.

▶ La Haute autorité de la santé (H.A.S.) et l'Agence nationale de sécurité du médicament (ANSM) ont donné leur feu vert en France pour le Paxlovid, pilule contre la Covid-19 du groupe pharmaceutique américain, Pfizer.

▶ Le créateur français, Thierry Mugler, est mort à l'âge de 73 ans. Il est devenu styliste et s'est démarqué avec ses créations mélangeant extravagance et élégance.

▶ Jean-Claude Mézières est décédé à l'âge de 83 ans. Le dessinateur a marqué les cinéastes, de Georges Lucas, pour « Star Wars » à Luc Besson, pour « Le Cinquième Élément ».

▶ En France, le pass vaccinal est entré en vigueur. Il a été adopté par l'Assemblée nationale à 295 voix contre 58.

▶ Le Mouvement patriotique pour la sauvegarde et la restauration (MPSR), a pris le pouvoir au Burkina Faso. Sur Radiodiffusion Télévision du Burkina (RTB), la dissolution du gouvernement et de l'Assemblée, la suspension de la Constitution, la fermeture des frontières terrestres et aériennes, ainsi que l'instauration d'un couvre-feu, ont été décrétées.

▶ Le journaliste d'investigation, Victor Castanet, a publié un essai « Les fossoyeurs ». Il a livré une enquête sur les secrets du groupe français Orpea, spécialisé dans les établissements d'hébergement pour personnes âgées dépendantes (Ehpad).

▶ Le Parlement italien a réélu son chef de l'État, Sergio Mattarella. Le président de la République italienne, âgé de 80 ans, a été désigné pour un mandat de 7 ans au palais du Quirinal à Rome.

[Février 2022]

▶ En France, le taux du livret A est passé à 1 %. Il s'agit de la première hausse depuis le 1er août 2011. Le taux d'intérêt le plus haut s'est élevé à 8,5 %, le 16 octobre 1981.

▶ L'actrice italienne Monica Vitti est morte à l'âge de 90 ans. Formée à l'Académie nationale d'art dramatique à Rome, elle s'est lancée dans une carrière théâtrale, en jouant dans des pièces de Shakespeare, Molière et Brecht.

▶ Jeff Zucker, président de la chaîne de télévision d'information en continu américaine CNN, a quitté son poste. Le patron a entretenu une relation privée avec Allison Gollust, vice-présidente exécutive et directrice du marketing.

▶ Le chef de l'État islamique, Abou Ibrahim al-Hachimi al-Qurashi est mort à Atme, dans le nord de la Syrie. L'opération antiterroriste a eu lieu dans une zone contrôlée par les jihadistes et les rebelles.

▶ L'Autriche a été le premier pays de l'Union européenne à imposer la vaccination obligatoire contre la Covid-19, sous peine d'amende pour les Autrichiens de plus de 18 ans, en raison du faible taux de vaccination.

▶ L'équipe de football du Sénégal a remporté la finale de la Coupe d'Afrique des nations (CAN), au stade Olembé, à Yaoundé, au Cameroun, face à l'Égypte. Les Sénégalais ont battu l'équipe égyptienne, à 4 tirs au but, contre 2.

▶ Le biologiste et virologue français, Luc Montagnier, est décédé à l'âge de 89 ans. Après avoir intégré le Centre national de la recherche scientifique (CNRS), il a été professeur à l'institut Pasteur.

▶ Le « One Ocean Summit » a rassemblé à Brest, des chefs d'État et du gouvernement. Lors du Sommet international sur les océans, les questions de la préservation de la biodiversité, de la pêche, de la lutte contre les pollutions, des effets du changement climatique ont été abordées.

▶ 40 satellites de SpaceX, constructeur aérospatial américain créé par Elon Musk, ont été détruits par un orage magnétique.

▶ Le cyclone Batsirai a fait une centaine de morts, dans le sud-est de l'Afrique. Arrivée de l'océan Indien, la tempête tropicale a touché l'île Maurice, La Réunion et Madagascar. Les rafales de vent ont atteint plus de 100 km/h.

▶ Franz-Walter Steinmeier a été réélu président fédéral de l'Allemagne, pour la seconde fois. Homme d'État allemand, membre du Parti social-démocrate d'Allemagne (SPD), il a été vice-chancelier d'Allemagne de 2007 à 2009.

▶ Cristina Calderon est morte à Punta Arenas, dans le détroit de Magellan, à l'âge de 93 ans. Cette femme a été la dernière locutrice native de la langue yagan au Chili, à l'extrême sud du pays.

▶ Le philosophe et poète, Michel Deguy, est décédé à l'âge de 91 ans. Il a été maître de conférences en littérature française à l'université Paris 8, et membre du comité de lecture aux éditions Gallimard.

▶ L'État a participé à la recapitalisation d'Electricité de France (EDF), à hauteur de plus de 2 milliards d'euros. Le ministre de l'Economie, des finances et de la relance, Bruno Lemaire, a porté son soutien à EDF qui traverse une « passe financière difficile ».

▶ Le biologiste français François Gros, est mort à l'âge de 95 ans. Cette grande figure de la recherche scientifique a été professeur au Collège de France, directeur de l'Institut Pasteur, secrétaire perpétuel de l'Académie des Sciences, et conseiller auprès des Premiers ministres Pierre Mauroy et Laurent Fabius.

▶ Jean-Luc Brunel a été retrouvé mort, par pendaison, à la prison de la Santé à Paris, à l'âge de 75 ans. Figure internationale de la mode depuis les années 70, il avait été ciblé par des enquêtes pour « viol sur mineurs » et « harcèlement sexuel ».

▶ L'Organized Crime and Corruption Reporting Project (OCCRP) a réalisé une enquête internationale sur le groupe bancaire Crédit Suisse. La deuxième banque helvète a été accusée d'héberger des fonds de dizaines de milliards d'euros, en relation avec le crime et la corruption.

▶ Les Jeux olympiques d'hiver se sont déroulés à Pékin, en Chine. Dans le classement des médailles, la France s'est classée à la 7e place. La France a remporté 13 médailles, dont 5 en or, 7 d'argent, 2 de bronze.

▶ Vladimir Poutine, président de la fédération de Russie, a ordonné à l'armée russe de « maintenir la paix » dans les territoires séparatistes prorusses du Donbass. Le Kremlin a reconnu l'indépendance des Républiques de Donetsk et de Louhansk.

▶ En France, les députés de l'Assemblée nationale ont voté l'extension du délai légal pour pratiquer l'interruption volontaire de grossesse (IVG) à quatorze semaines de grossesse au lieu de douze.

▶ La Russie a lancé une offensive militaire en Ukraine. Des frappes aériennes ont touché des points stratégiques ukrainiens, Vladimir Poutine a souhaité une « démilitarisation » et une « dénazification » de l'Ukraine.

▶ Les États-Unis, l'Union européenne, le G7, ont pris des sanctions économiques et financières. L'accès de la Russie aux marchés de capitaux européens a été limité.

▶ L'Académie des arts et techniques du cinéma a décerné son palmarès, lors de la 47e cérémonie des Césars du cinéma à Paris. Le long-métrage, adapté du roman d'Honoré de Balzac, « Illusions perdues » de Xavier Giannoli, a été mis à l'honneur avec sept trophées, dont le meilleur film.

▶ Ursula von der Leyen, présidente de la Commission européenne, a interdit la chaîne de télévision d'information internationale russe, Russia Today (RT), et l'agence de presse multimédia Sputnik.

▶ Le philosophe français Marcel Conche est mort à l'âge de 99 ans. Il a été professeur à l'université de Panthéon-Sorbonne et a enseigné aux côtés de Vladimir Jankélévitch.

[Mars 2022]

▶ Un convoi militaire russe de plus de 60 km de long est en route vers Kiev. Kharkiv, 2e ville du pays, a été bombardée et 18 civils morts sont à déplorer.

▶ Marine le Pen et Éric Zemmour ont récolté 500 parrainages nécessaires pour officiellement se présenter aux élections présidentielles.

▶ L'armée russe a affirmé avoir conquis la ville de Kherson. À ce stade de la guerre, plus de 2 000 civils ukrainiens sont morts.

▶ Les nombreux ressortissants africains tentant de fuir l'Ukraine, ont accusé les autorités ukrainiennes de racisme.

▶ La candidate de gauche Christiane Taubira a annoncé qu'elle retirait sa candidature à la présidentielle.

▶ Le célèbre présentateur télé de la chaîne TF1 Jean-Pierre Pernaut, est décédé à l'âge de 71 ans d'un cancer du poumon.

▶ Le Comité international paralympique a exclu les sportifs russes et biélorusses des Jeux paralympiques d'hiver de Pékin.

▶ L'ONU a démarré un processus vers un traité international historique visant à lutter contre la pollution plastique.

▶ La Russie s'est emparé de la plus grande centrale nucléaire d'Ukraine.

▶ Le prix des carburants en France explose. 1,81 € le litre d'essence SP95, et 1,74 € le litre de gazole.

▶ Éric Zemmour et son parti « Reconquête ! » ont été condamnés pour contrefaçon et droits d'auteur.

▶ Le président Volodymyr Zelensky aurait échappé à 3 tentatives d'assassinat en 1 semaine. Il serait menacé par des troupes tchétchènes et 400 mercenaires du groupe paramilitaire russe Wagner.

▶ Twitter a temporairement suspendu plusieurs comptes de soutien à Marine Le Pen et Éric Zemmour.

▶ Emmanuel Macron et Vladimir Poutine se sont entretenus pendant 1 h 45. Vladimir Poutine s'est dit déterminé à atteindre ses objectifs « par la négociation ou par la guerre ».

▶ Christiane Taubira soutient désormais le candidat de la France insoumise Jean-Luc Mélenchon.

▶ La Russie a proposé d'évacuer les civils ukrainiens des villes bombardées vers la Russie et la Biélorussie. L'Ukraine a refusé et dénoncé une fausse protection.

▶ Depuis la guerre en Ukraine, les prix des carburants ont explosé, une augmentation de 7 % en une semaine a été constatée.

▶ 13 jours après le début de la guerre, 2 millions de personnes ont fui l'Ukraine selon le bilan de l'ONU.

▶ 8 femmes ont accusé Éric Zemmour de violences sexuelles.

▶ Le gouvernement a annoncé un vaste plan de contrôle de 7 500 Ehpad en France afin de lutter contre les maltraitances des personnes âgées.

▶ McDonald's, Coca-Cola, Amazon, Starbucks ou encore KFC se sont ajoutés à la liste des entreprises qui ont suspendu leurs activités en Russie.

▶ Les Philippines était l'un des pays à avoir la majorité sexuelle la plus basse au monde. L'âge de la majorité sexuelle a été rehaussé de 12 ans à 16 ans.

▶ La Russie a bombardé un hôpital et sa maternité dans la ville de Marioupol. Cette attaque a fait 3 morts dont une fillette et 17 blessés.

▶ Les chefs de la diplomatie russe et ukrainienne se sont rencontrés en Turquie, mais n'ont pas réussi à se mettre d'accord sur un arrêt des combats.

▶ Emmanuel Macron a déclaré que l'UE prendrait des « sanctions massives » contre la Russie si la guerre continue.

▶ Le Guatemala a décidé de durcir fortement sa loi contre l'avortement et le mariage entre personne de même sexe. Désormais, une femme qui avorte risque jusqu'à 10 ans de prison.

▶ L'Inde a annoncé avoir envoyé par erreur un missile au Pakistan. L'événement est lié à un « dysfonctionnement technique ». Les relations entre l'Inde et le Pakistan sont très tendues depuis des années.

▶ Le Premier ministre Jean Castex a confirmé la fin du pass vaccinal ainsi que la fin du port du masque en intérieur.

▶ La Chine a confiné 17 millions d'habitants de la ville de Shenzhen après le signalement de 66 cas de Covid.

▶ La France a livré pour 150 millions d'euros de matériels militaires à la Russie entre 2015 et 2020.

▶ En Corse, des manifestations de soutien à Yvan Colonna ont dégénéré, faisant 67 blessés dont 44 chez le forces de l'ordre.

▶ Une nouvelle antenne a été installée au sommet de la Tour Eiffel, elle mesure désormais 330 mètres de haut.

▶ Les hommes homosexuels et bisexuels peuvent dorénavant donner leur sang dans les mêmes conditions que les autres donneurs.

▶ Joe Biden a qualifié Vladimir Poutine de « criminel de guerre » et a promis 800 millions de dollars d'aides militaires. La France a également promis 300 millions d'euros d'aide.

▶ 109 poussettes ont été disposées sur une place de la ville de Lviv, en hommage aux 109 enfants ukrainiens tués depuis le début du conflit.

▶ Emmanuel Macron a dévoilé son programme dans une conférence de presse, il contient la retraite à 65 ans, une hausse des salaires des professeurs, réforme du RSA et réforme des institutions.

▶ Le candidat écologiste Yannick Jadot a déclaré vouloir réduire la durée des vacances scolaires et notamment l'été.

▶ Le ministère russe de la Défense a déclaré avoir utilisé des missiles hypersoniques pour détruire un entrepôt souterrain d'armements dans l'ouest de l'Ukraine.

- Dans une étude publiée par l'ONU, la Finlande a été élue le pays le plus heureux du monde.

- L'armée russe est entrée dans la ville portuaire de Marioupol. Une école d'art qui abritait 400 réfugiés a été bombardée par les forces russes.

- Un avion qui transportait 132 passagers s'est écrasé en Chine ce matin. Il s'agissait d'un Boeing 737-800 de la compagnie China Eastern Airlines.

- Emmanuel Macron a dû renoncer à l'utilisation de son compte Twitter pour sa campagne. La commission qui contrôle la campagne considère que le compte twitter du chef de l'État était un avantage injustifié.

- Près de 26 000 réfugiés ukrainiens sont arrivés sur le territoire français.

- Le principal opposant au pouvoir russe Alexeï Navalny, déjà emprisonné depuis plus d'un an, à une nouvelle fois été condamné à 9 ans de prison.

- Le militant pour l'indépendance de la Corse Yvan Colonna est mort des suites d'une violente agression en prison.

- L'OMS a estimé que la France et plusieurs autres pays européens ont levé trop rapidement leurs mesures sanitaires face au Covid.

- En Afghanistan, les Talibans ont fait fermer définitivement les collèges et lycées pour filles. C'est une nouvelle atteinte au droit des femmes dans le pays.

- L'État de l'Idaho aux États-Unis a adopté une loi qui limite l'avortement pour les femmes. Si une femme avorte, le père peut porter plainte contre le médecin qui a pratiqué l'IVG et ce même en cas de viol.

47 Entretiens

Actualités 2

[Avril 2022]

▶ Un responsable russe a accusé l'Ukraine d'avoir attaqué un dépôt de pétrole à Belgorod en Russie qui a provoqué un incendie.

▶ Le télescope spatial Hubble a détecté l'étoile la plus lointaine jamais observée. Elle se trouve à 12,9 milliards d'années-lumière et a une masse 50 fois supérieure à celle du Soleil.

▶ Le premier avril 2001, les Pays-Bas devenaient le premier pays à autoriser le mariage homosexuel. 20 ans plus tard, il est désormais autorisé dans 30 pays.

▶ Emmanuel Macron a tenu à Nanterre son unique meeting de campagne devant 30 000 personnes.

▶ Le pape François a appelé à partager l'accueil des réfugiés ukrainiens face à « l'élargissement de l'urgence migratoire ».

▶ Will Smith a annoncé qu'il quittait l'Académie des Oscars, 5 jours après avoir giflé Chris Rock durant la cérémonie des Oscars.

▶ Éric Zemmour a été viré du Z5, le complexe sportif des frères Zidane. La direction a déclaré ne pas vouloir associer leur image à celle du candidat.

▶ Le gouvernement ukrainien a annoncé au 39e jour de guerre que toute la région de Kiev avait été « libérée de l'envahisseur ».

▶ L'armée russe est accusée d'avoir commis des crimes de guerre dans la ville de Boutcha dans le nord de l'Ukraine. Le président ukrainien Volodymyr Zelensky a accusé la Russie de vouloir éliminer « toute la nation ».

▶ Après Emmanuel Macron, Jean-Luc Mélenchon, Valérie Pécresse, Anne Hidalgo, Nathalie Arthaud étaient en meeting à Toulouse et à Paris.

▶ La Chine a enregistré 13 000 nouveaux cas de Covid-19 en 24 heures. C'est le chiffre le plus élevé sur le territoire depuis le pic de la première vague en février 2020.

▶ Les chocolats Kinder de l'entreprise Ferrero seraient à l'origine d'au moins 15 cas de salmonellose en France.

▶ Désormais, jusqu'à 8 consultations chez le psychologue par an seront remboursées par la Sécurité Sociale.

▶ Après les pizzas et les kinder contaminés, les fromages vendus en grandes surfaces sont eux aussi possiblement contaminés à la Listeria.

▶ Le Sri Lanka au sud de l'Inde traverse une très forte crise économique et politique.

▶ Le milliardaire Elon Musk a fait une offre de 38 milliards d'euros pour racheter intégralement Twitter.

▶ 2 hommes ont été tués et un autre blessé par des tirs de policiers à Paris.

▶ Sœur André devient la doyenne de l'humanité, elle est âgée de 118 ans.

▶ Emmanuel Macron a été réélu pour un second mandat.

[Mai 2022]

▶ Le niveau de la mer en Nouvelle-Zélande est monté 2 fois plus vite que prévu.

▶ La Nouvelle-Zélande a rouvert ses frontières aux voyageurs et aux touristes après plus de 2 ans.

▶ L'ONU a alerté sur le fait que plus de 12,3 millions d'enfants syriens ont besoin d'assistance humanitaire.

▶ L'ancien Premier ministre François Fillon a été condamné en appel à 1 an de prison ferme dont 3 mois avec sursis dans l'affaire des emplois fictifs.

▶ Pour la toute première fois, la Reine Elizabeth II n'a pas pu faire son discours annuel devant le Parlement britannique pour des raisons de santé.

▶ Le portrait de Marilyn Monroe peint par l'artiste Andy Warhol est devenue l'oeuvre du XXe siècle la plus chère jamais vendue aux enchères à 195 millions de dollars.

▶ Avant les obsèques de Shireen Abu Akleh, des violences ont éclaté à Jérusalem, la police israélienne a attaqué plusieurs Palestiniens.

▶ La Russie a suspendu ses livraisons d'électricité en Finlande.

▶ Un attentat diffusé sur Twitch a fait 10 morts et 3 blessés. L'auteur est un suprémaciste blanc.

▶ Élisabeth Borne a été nommée Première ministre par Emmanuel Macron après la démission de Jean Castex.

▶ Le masque n'est désormais plus obligatoire dans les transports. Il reste néanmoins obligatoire dans les établissements de santé.

▶ La Suède a officialisé sa candidature pour rejoindre l'OTAN juste après la Finlande.

▶ La température a dépassé les 51 °C à l'ombre au Pakistan. Tout comme l'Inde, les 2 pays sont les plus touchés par une très forte canicule.

▶ La Russie a désormais pris le contrôle total de la ville de Marioupol, à l'est de l'Ukraine.

▶ Il sera désormais possible à Grenoble de porter le burkini dans les piscines municipales.

▶ *Sans filtre* du Suédois Ruben Östlund remporte la Palme d'or à Cannes.

▶ Le Real de Madrid remporte la Ligue des Champions.

▶ Damien Abad, ministre des Solidarités, de l'Autonomie et des Personnes handicapées, est accusé de viols par deux femmes, selon des révélations de Mediapart.

▶ Une grand-mère suédoise de 103 ans bat un record du monde de saut en parachute.

▶ Un adolescent de 18 ans a tué par balle dix-neuf enfants et deux adultes dans une école primaire d'Uvalde, au Texas.

▶ Près de 600 exécutions en 2021: Amnesty alerte sur la « hausse inquiétante » des peines de mort dans le monde.

▶ Variole du singe : au moins trois cas confirmés en France.

▶ Gouvernement Borne (mai 2022) :
- Bruno Le Maire, ministre de l'Économie, des Finances et de la Souveraineté industrielle et numérique ;
- Gérald Darmanin, ministre de l'Intérieur ;
- Catherine Colonna, ministre de l'Europe et des Affaires étrangères ;
- Éric Dupond-Moretti, garde des Sceaux, ministre de la Justice ;
- Amélie de Montchalin, ministre de la Transition écologique et de la Cohésion des territoires ;
- Pap Ndiaye, ministre de l'Éducation nationale et de la Jeunesse ;
- Sébastien Lecornu, ministre des Armées ;
- Brigitte Bourguignon, ministre de la Santé et de la Prévention ;
- Olivier Dussopt, ministre du Travail, du Plein emploi et de l'Insertion ;
- Damien Abad, ministre des Solidarités, de l'Autonomie et des Personnes handicapées ;
- Sylvie Retailleau, ministre de l'Enseignement supérieur et de la Recherche ;
- Marc Fesneau, ministre de l'Agriculture et de la Souveraineté alimentaire ;
- Stanislas Guerini, ministre de la Transformation et de la Fonction publiques ;
- Yaël Braun-Pivet, ministre des Outre-mer ;
- Rima Abdul Malak, ministre de la Culture ;
- Agnès Pannier-Runacher, ministre de la Transition énergétique ;
- Amélie Oudéa-Castéra, ministre des Sports et des Jeux olympiques et paralympiques.
- Olivier Véran, chargé des Relations avec le Parlement et de la Vie démocratique ;
- Isabelle Rome, chargée de l'Égalité entre les femmes et les hommes, de la Diversité et de l'Égalité des chances ;
- Gabriel Attal, chargé des Comptes publics ;
- Christophe Béchu, chargé des Collectivités territoriales ;
- Franck Riester, chargé du Commerce extérieur et de l'Attractivité ;
- Clément Beaune, chargé de l'Europe.

▶ Le journaliste Frédéric Leclerc-Imhoff décède lors d'un reportage sur le conflit en Ukraine, tué par un éclat d'obus.

[Juin 2022]

▶ L'Ukraine et le Moldavie obtiennent le statut de candidat à l'Union européenne.

▶ Un attentat a lieu à Oslo, capitale de la Norvège, faisant deux morts.

▶ Le président de l'Ukraine, Zelensky, annonce qu'environ 20 % du territoire ukrainien est sous le contrôle des Russes.

- Une Française de 82 ans bat le record du monde des 24 heures de course à pied, avec une distance parcourue de 125 km.

- Variole du singe : au moins 33 cas confirmés en France.

- Joe Biden signe une loi ayant comme objectif la lutte contre les violences faites par armes à feu.

- Le 3 juin 2022 marque les cent jours depuis le début de la guerre en Ukraine.

- À 83 ans, un Japonais réussit une traversée du Pacifique en solitaire et sans escale. Il est la personne la plus âgée à avoir réussi cette traversée.

- La Cour suprême américaine révoque le droit à l'avortement. Chaque État a la possibilité d'interdire ou non le droit d'avorter sur son territoire.

- Aux élections législatives en France, Emmanuel Macron n'obtient qu'une majorité relative, tandis que le RN fait un score historique.

48 Entretiens

Actualités 3

[Juillet 2022]

▶ Le département de la Gironde est touché par des feux de forêt importants.

▶ L'Ancien Premier ministre du Japon, Shinzo Abe, est assassiné par balle lors d'un discours le 8 juillet 2022.

▶ Le mariage pour tous devient légal en Suisse.

▶ La NASA publie la photographie la plus claire et profonde de l'Univers prise avec le télescope James Webb, révélant des galaxies formées il y a plusieurs milliards d'années.

▶ Une canicule frappe la France, les températures dépassent parfois 40 °C. 58 départements sont placés en vigilance orange.

▶ Le Premier ministre du Royaume-Uni et chef du Parti conservateur Boris Johnson annonce sa démission.

▶ En France, le gouvernement augmente de 3,5 % les traitements des fonctionnaires et de 4 % les pensions des retraités pour compenser l'inflation.

▶ Un requin bleu est aperçu au large d'une plage du département du Var. L'animal est retrouvé mort 3 jours plus tard, les raisons sont inconnues.

[Août 2022]

▶ Singapour va dépénaliser les relations homosexuelles entre hommes.

▶ Un incendie dans une église à Gizeh en Égypte tue 41 personnes.

▶ L'Ukraine engage une contre-offensive dans la région de Kharkiv, faisant reculer l'armée russe.

▶ Kiev et Moscou s'accusent mutuellement de bombardements autour du site de la centrale de Zaporijia, la plus grande centrale nucléaire d'Europe.

▶ La consommation d'eau est restreinte dans 93 départements de France, afin de faire face à la sécheresse.

▶ Vincent Bolloré est contraint de renoncer au projet de fusion avec Hachette. De nombreux acteurs de l'édition dénonçaient un risque de déstabilisation du marché.

▶ Un homme est roué de coups et écrasé par un scooter à Toulouse. La scène est filmée par des caméras de surveillance puis diffusée sur Twitter.

▶ Deux enfants de 10 et 12 ans, ainsi qu'une mère de famille sont mis en examen après avoir provoqué des incendies.

▶ Le propriétaire d'une ferme en Australie retrouve un débris d'une capsule spatiale SpaceX tombé dans son champ.

▶ L'ancien chef d'Al-Qaïda, Ayman al-Zawahiri, est tué par une frappe de drone américain.

▶ Plus de 400 secouristes se sont engagés pour sauver 10 mineurs coincés sous terre suite à l'effondrement et l'inondation de trois puits de charbon au Mexique.

▶ Une éruption dans une fissure volcanique survient à 40 kilomètres de la capitale de l'Islande. Ce phénomène attire un grand nombre de visiteurs.

▶ Depuis le début de la guerre de Ukraine, la France a accueilli plus de 100 000 réfugiés Ukrainiens.

▶ Un incendie dans une boîte de nuit en Thaïlande provoque la mort de 20 personnes.

▶ Un beluga est retrouvé échoué dans la Seine. L'animal est décédé une semaine après lors de son transfert vers le Calvados, suite à une euthanasie.

[Septembre 2022]

▶ La reine du Royaume-Uni, Élisabeth II, décède le 8 septembre 2022 après 70 ans de règne à l'âge de 96 ans.

▶ Quatre milliards de personnes ont suivi les funérailles de la reine Élisabeth II.

▶ Charles III devient le nouveau roi du Royaume-Uni.

▶ Le typhon Nanmadol avec des rafales de plus de 230 km/h au Japon fait quatre morts et plus de cent blessés.

- L'Atlantique Nord est touché par l'ouragan Fiona, classé en catégorie 4 par le National Hurricane Center, avec des rafales de plus de 250 km/h.

- Un homme s'immole par le feu en protestation aux funérailles nationales de l'ancien Premier ministre du Japon, Shinzo Abe.

- La pilule du lendemain devient gratuite pour toutes les femmes en France.

- Emmanuel Macron s'exprime sur une vidéo TikTok afin de sensibiliser les jeunes au harcèlement scolaire.

- Poutine annonce une « mobilisation militaire partielle » et mobilise 300 000 réservistes.

- Le Pakistan est touché par de très importantes inondations, provoquant la mort de plus de 1 600 personnes.

- À partir du 1er septembre 2022, la loi de bioéthique est mise en place, permettant la procréation médicalement assistée aux couples de femmes et aux femmes seules. Cette mesure supprime également l'anonymat des dons de gamètes.

- Le tour de France 2022 est remporté par le danois Jonas Vingegaard.

- L'extrême droite est aux portes du pouvoir en Suède suite à la victoire de la coalition de droite aux élections législatives.

- Pour faire face à la hausse du coût de l'énergie, le gouvernement français subventionne le carburant.

- Le procès de l'attentat de Nice du 14 juillet 2016 faisant 86 morts et 318 blessés a débuté à Paris.

- TF1 et M6 reculent en bourse après avoir abandonné leur projet de fusion, suite aux critiques de l'Autorité de la concurrence.

- La coupe du monde de foot de 2022 au Qatar fait débat : un appel au boycott est lancé.

49 Entretiens

Actualités 4

[Octobre 2022]

▶ La bousculade du stade Kanjuruhan provoque la mort d'au moins 131 personnes et 325 blessées en Indonésie.

▶ Le prix Nobel de physiologie ou médecine est attribué au Suédois Svante Pääbo pour ses découvertes concernant les génomes des hominines éteints et l'évolution humaine.

▶ Élections générales québécoises. Le gouvernement sortant de la Coalition avenir Québec est réélu pour un deuxième mandat.

▶ Le prix Nobel de physique est attribué au Français Alain Aspect, à l'Américain John Clauser et à l'Autrichien Anton Zeilinger pour leurs découvertes sur l'intrication quantique.

▶ Le prix Nobel de chimie est attribué au Danois Morten Meldal et aux Américains Carolyn R. Bertozzi et K. Barry Sharpless pour le développement de la chimie click et la chimie bioorthogonale.

▶ Le prix Nobel de littérature est attribué à la Française Annie Ernaux.

▶ En Thaïlande, au moins 38 personnes, pour la plupart des enfants, sont tuées dans une attaque contre une crèche dans la province de Nong Bua Lamphu.

▶ Le prix Nobel de la paix est attribué au Biélorusse Alès Bialiatski, à l'association russe Memorial et à l'association ukrainienne Centre pour les libertés civiles.

▶ Le Prix de la Banque de Suède en sciences économiques en mémoire d'Alfred Nobel est attribué aux Américains Ben Bernanke, Douglas Diamond et Philip Dybvig pour leurs recherches sur les banques et les crises financières.

▶ Une série de bombardements russes touche les grandes villes ukrainiennes, dont la capitale Kiev.

▶ En Irak, Abdul Latif Rashid est élu président de la République.

▶ En Russie, une fusillade dans une base militaire russe fait 13 morts.

▶ Ulf Kristersson est élu Premier ministre de Suède par le Parlement, avec le soutien inédit de l'extrême droite.

▶ La ministre australienne des Affaires étrangères, Penny Wong, confirme que l'Australie ne reconnaîtra plus Jérusalem-Ouest comme capitale d'Israël tant que les négociations de paix ne seront pas finalisées.

▶ Démission de Liz Truss, Première ministre du Royaume-Uni, son mandat est ainsi le plus court de l'histoire du pays.

▶ Au Tchad, de violents heurts opposant police et manifestants à N'Djamena causent la mort d'une « cinquantaine » de personnes dont une « dizaine » de membres des forces de sécurité et plus de 300 blessés.

▶ Giorgia Meloni est nommée présidente du Conseil des ministres d'Italie, c'est la première femme à ce poste.

▶ En Chine, le 20e congrès national du Parti communiste renouvelle Xi Jinping comme secrétaire général.

▶ Au Royaume-Uni, Rishi Sunak est élu chef du Parti conservateur ; le lendemain il est nommé Premier ministre, la première personne d'origine indienne dans cette fonction.

▶ Mohammed Chia al-Soudani devient Premier ministre d'Irak.

▶ La bousculade d'Halloween à Séoul (Corée du Sud) fait environ 150 morts.

▶ Au Liban, le mandat du président de la République, Michel Aoun, se termine, sans qu'un successeur soit désigné.

[Novembre 2022]

▶ Élections législatives anticipées au Danemark, les sociaux-démocrates de la Première ministre Mette Frederiksen, arrivent en tête des élections, remportées par les partis allant du centre gauche à l'extrême gauche.

▶ Élections législatives anticipées en Israël, Initialement prévues pour octobre 2025, ces élections sont organisées de manière anticipée pour la cinquième fois consécutive, le bloc soutenant l'ex-Premier ministre, Benyamin Netanyahou, remporte la majorité absolue à la Knesset.

▶ Éclipse lunaire totale.

▶ Élections de mi-mandat, notamment les élections sénatoriales et les élections à la Chambre des représentants aux États-Unis.

▶ 9 novembre au 4 décembre : 12e édition de la Route du Rhum, le départ a lieu à Saint-Malo.

▶ En Éthiopie, signature du traité de paix mettant fin à la guerre du Tigré.

▶ Élections législatives afin de renouveler les 40 membres du Conseil des représentants au Bahreïn.

▶ La population mondiale atteint les huit milliards d'humains, selon l'Organisation des Nations unies.

▶ Deux missiles S-300 tombent en Pologne, tuant 2 personnes. Il s'agit de la première attaque frappant le territoire de l'OTAN lors de l'invasion russe de l'Ukraine en 2022.

▶ Début officiel de la saison cyclonique 2022-2023 dans l'océan Indien sud-ouest.

▶ Sommet du G20 à Bali en Indonésie.

▶ Lancement d'Artémis I à Cap Canaveral en Floride.

▶ 18e sommet de la francophonie en Tunisie.

▶ Cérémonie d'ouverture de la 22e édition de la Coupe du monde de football au Qatar.

▶ Référendum constitutionnel à Taïwan, afin de permettre à la population de se prononcer sur un amendement de la constitution visant à abaisser l'âge d'obtention du droit de vote de vingt à dix huit ans.

▶ Sur l'île d'Hawaï, le Mauna Loa entre en éruption pour la première fois depuis 1984.

[Décembre 2022]

▶ 12e édition de la Route du Rhum.

▶ 22e édition de la coupe du monde de football au Qatar.

▶ L'Indonésie annonce qu'elle est sur le point d'adopter un nouveau code pénal, qui remplacera le précédent hérité des Indes orientales néerlandaises.

- L'Iran annonce l'abolition de la police de la moralité après plus de deux mois de manifestations consécutives à la mort de Mahsa Amini.

- Les autorités chinoises annoncent un assouplissement des règles anti-Covid-19 (stratégie zéro covid).

- Pedro Angulo devient président du Conseil des ministres du Pérou.

- Leo Varadkar redevient Premier ministre d'Irlande, succédant à Micheál Martin.

- Finale de la Coupe du monde de football au Qatar, remportée par l'équipe d'Argentine face à l'équipe de France.

- A Washington, le président ukrainien Volodymyr Zelensky est reçu en héros par Joe Biden et les élus du Congrès.

- Une forte tempête hivernale frappe une grande partie du Canada et des États-Unis.

- En France, une fusillade à Paris fait au moins trois morts.

- Cinq drones nord-coréens traversent la DMZ en Corée du Sud, qui brouille les avions pour les intercepter ; l'un des avions d'attaque légers sud-coréens FA-1 s'écrase au décollage, tandis qu'un drone nord-coréen s'écrase près de la capitale sud-coréenne Séoul.

- En Israël, le gouvernement Netanyahou VI entre en fonction.

50 Entretiens

Actualités 5

[Janvier 2023]

- La Croatie rejoint la zone euro et l'espace Schengen.

- La Suède prend la présidence du Conseil de l'Union européenne pour six mois.

- Luiz Inácio Lula da Silva est investi Président de la république du Brésil, succédant à Jair Bolsonaro.

- Arrestation de Ovidio Guzmán López dans le cadre de la guerre de la drogue au Mexique à Culiacán. L'opération de capture s'achève sur un bilan total de 10 militaires et un policier morts, 19 membres du cartel de Sinaloa abattus, 35 militaires, 17 policiers et un garçon de 14 ans sont blessés, 21 sicaires prisonniers.

- Arrestation d'Anderson Torres, ancien ministre brésilien de la Justice sous l'ex-président Jair Bolsonaro et chef de la sécurité du District fédéral de Brasilia au moment de la prise d'assaut, et une enquête est ouverte contre Bolsonaro lui-même.

- Inauguration du port spatial Esrange, base de lancement en Suède devant permettre de lancer des satellites depuis l'Europe continentale.

- Arrestation dans une clinique de Palerme du chef de la Mafia sicilienne, Matteo Messina Denaro, après 30 ans de cavale.

- Open d'Australie à Melbourne remporté par DJOKOVIC (simple messieurs) et SABALENKA (simple dames).

- Jacinda Ardern, Première ministre de Nouvelle-Zélande, annonce sa démission.

- Manifestations et journée de grève partout en France contre un projet de réforme des retraites, mobilisant entre 1,12 million (selon le Ministère de l'Intérieur) et 2 millions (selon les syndicats organisateurs) de manifestants, ce qui en fait la plus grosse manifestation de départ d'un mouvement social en France depuis 1995 inclus selon les chiffres gouvernementaux.

- Le référendum constitutionnel en Slovaquie, relatif aux conditions de convocation d'élections législatives anticipées, échoue faute d'une participation suffisante.

▶ Une attaque palestinienne contre une synagogue de Jérusalem-Est tue sept civils israéliens, à la suite d'un raid israélien dans le camp de réfugiés de Jénine qui a tué neuf Palestiniens, dont deux civils.

[Février 2023]

▶ À Chypre, les élections présidentielles de février 2023 ont été remportées par Nikos Christodoulides avec un peu plus de 51% des suffrages.

▶ Un violent tremblement de terre – 7,8 sur l'échelle de Richter – et ses répliques ont frappé la région frontalière turco-syrienne le 6 février 2023.

▶ Le Tadjikistan est lui aussi victime de séismes assez violents, d'une magnitude de 6,8.

▶ La France ne parvient pas à redresser sa balance commerciale, malgré les politiques engagées depuis quelques années. Les importations ont progressé de 29% en 2022, certes du fait de la flambée du poids de la facture énergétique, mais pas seulement. Avec un déficit de 164 milliards d'euros, la France a des raisons objectives de s'inquiéter. Ce déficit était de 60 milliards d'euros en 2019, avant la pandémie.

▶ La Première ministre d'Ecosse, Nicola Sturgeon, qui souhaitait amener l'Ecosse à l'indépendance, a annoncé sa démission.

▶ Joe Biden a prononcé son discours de l'Union le 7 février 2023. Il s'agit d'un discours rassembleur destiné à une société américaine particulièrement fracturée, qui souffre de l'inflation, et à une Chambre des représentants à majorité républicaine (le Sénat est resté démocrate).

▶ Dans un discours prononcé en février, Vladimir Poutine dénonce l'Occident accusé de mener une lutte résolue contre la Russie. Sa représentation est celle d'une Russie qui mène un conflit civilisationnel pour protéger ses valeurs et accuse l'Ukraine d'abriter des « néo-nazis ». Il affirme passer à une économie de guerre pour pouvoir mener une guerre de temps long, ce que craignent les Occidentaux et les Ukrainiens.

▶ Xi Jinping prononce en février 2023 un discours centré sur l'autonomie stratégique de son pays en matière technologique.

▶ Les Philippines et le Japon contractent un rapprochement d'ordre militaire, prévoyant des exercices communs comme la possibilité d'un déploiement sur le territoire de son voisin – « un accord d'accès réciproque » – en cas de besoin.

▶ Joe Biden s'est rendu à Kiev en février 2023 pour réaffirmer son soutien à l'Ukraine en guerre. Il s'est rendu ensuite à Varsovie. La Pologne tient une place importante sur l'échiquier américain.

▶ La France continue à attirer les investissements étrangers, 1725 projets sont enregistrés pour l'année 2022.

[Mars 2023]

▶ En Finlande, le parlement vote par 184 voix contre 7 pour approuver formellement l'adhésion du pays à l'OTAN et adopter les documents fondateurs de l'alliance militaire.

▶ Election présidentielle au Viêt Nam, l'Assemblée nationale élit Võ Văn Thưởng comme nouveau président du pays, en remplacement de Nguyễn Xuân Phúc.

▶ Le Burundi déploie 100 soldats dans l'est de la République démocratique du Congo pour aider le pays à combattre l'insurrection des milices, notamment du M233.

▶ Le groupe al-Qaïda dans la péninsule arabique reconnaît que son chef a été tué lors d'une récente frappe aérienne des États-Unis au Yémen.

▶ En France, fort mouvement social contre le projet de réforme des retraites du gouvernement ; avec entre 1 280 000 (selon le ministère de l'Intérieur) et 3 500 000 (selon les syndicats) participants, c'est la plus grande manifestation de protestation depuis la fin de la Seconde Guerre mondiale, quels que soit les chiffres retenus.

▶ Au Bangladesh, une explosion au marché de Dacca tue au moins 17 personnes et fait plus de 140 blessés.

▶ Le cyclone Freddy frappe Madagascar ainsi que le Mozambique et le Malawi, faisant plus de 300 morts.

▶ La Silicon Valley Bank et la Signature Bank s'effondrent toutes deux en l'espace de trois jours, devenant les deuxième et troisième plus grandes faillites bancaires de l'histoire des États-Unis d'Amérique.

▶ Election présidentielle au Népal, Ram Chandra Poudel est élu.

▶ En Allemagne, une fusillade à Hambourg fait au moins sept morts.

▶ En Chine, Xi Jinping est réélu président pour un troisième mandat, puis Li Qiang est nommé Premier ministre.

- L'Iran et l'Arabie saoudite annoncent le rétablissement de leurs relations diplomatiques (rompues en 2016) à l'issue de pourparlers en Chine.

- Le film de Daniel Kwan et Daniel Scheinert *Everything Everywhere All at Once* est le grand vainqueur de la 95e cérémonie des Oscars.

- La Cour pénale internationale émet des mandats d'arrêt contre le président russe Vladimir Poutine et la responsable russe Maria Lvova-Belova pour l'enlèvement d'enfants en Ukraine.

- L'Irlande remporte le tournoi des Six Nations pour la 23e fois, en réalisant son quatrième grand chelem.

- En France, neuvième journée de mobilisation nationale contre le projet de réforme des retraites, marquée par de nombreux incidents toutes les nuits du 20 au 24 mars, réunissant entre 1,089 million (selon le gouvernement) et 3,5 millions (selon les syndicats) de participants.

- Une fusillade dans une école à Nashville dans l'État du Tennessee au États-Unis d'Amérique fait six morts, dont trois enfants.

- Les Philippines annoncent suspendre ses relations avec la Cour pénale internationale (CPI) en raison du refus de la CPI de suspendre son enquête sur les crimes présumés commis par l'administration de l'ancien président Rodrigo Duterte pendant la guerre du pays contre la drogue.

- Découverte de l'astéroïde 2023 FW13, le quasi-satellite de la Terre le plus stable connu à ce moment-là.

[Avril 2023]

- 25 mars au 29 avril : 28e édition du Tournoi des Six Nations féminin.

- La Russie assume la présidence du Conseil de sécurité des Nations unies dans le cadre de la rotation mensuelle entre les 15 membres, malgré les protestations de l'Ukraine.

- Après plusieurs mois de discussions, la Turquie approuve officiellement l'intégration de la Finlande dans l'OTAN.

- Élections législatives en Andorre, la coalition libérale, conduite par le Premier ministre Xavier Espot Zamora, remporte la majorité absolue des sièges au Conseil général.

▶ Élections législatives en Bulgarie, le GERB arrive en tête, mais le scrutin est encore un échec, aucun camp n'obtenant la majorité absolue.

▶ Élections législatives en Finlande, le Kok étant arrivé en tête, la formation d'un nouveau gouvernement de coalition mené par Petteri Orpo est attendue.

▶ Un attentat à la bombe à Saint-Pétersbourg (Russie) fait un mort.

▶ En France, les Parisiens votent pour interdire les trottinettes électriques en libre-service.

▶ La Finlande rejoint officiellement l'OTAN.

▶ En Israël, la police prend d'assaut la mosquée al-Aqsa à Jérusalem en réponse à des émeutes, blessant sept Palestiniens et déclenchant des affrontements en Cisjordanie et à Gaza, d'où neuf roquettes ont été lancées.

▶ Championnat du monde féminin de hockey sur glace au Canada.

▶ 7 avril au 1er mai : championnat du monde d'échecs à Astana, au Kazakhstan.

▶ La Chine lance un exercice militaire d'encerclement de Taïwan pendant trois jours.

▶ Aux États-Unis, une fusillade à Louisville (Kentucky) fait cinq morts ; des responsables américains confirment que des documents top secrets du gouvernement américain relatifs à la guerre en Ukraine ont été divulgués sur les réseaux sociaux, révélant des détails sur les vulnérabilités militaires ukrainiennes.

▶ En Birmanie, au moins 100 personnes sont tuées dans une frappe aérienne de la junte dans le village de Pazigyi (canton de Kanbalu) dans la région de Sagaing, lors de la troisième attaque civile majeure depuis le début de l'offensive de la junte à Sagaing en février.

▶ La Corée du Nord lance un missile balistique vers le nord du Japon, provoquant des ordres d'évacuation à Hokkaidō, avant que le missile ne tombe à la mer.

▶ La sonde européenne Juice est lancée de Kourou (Guyane) vers les satellites naturels de Jupiter.

▶ Début des découvertes des victimes de la secte apocalyptique de l'Église internationale de Bonne Nouvelle au Kenya, 424 corps retrouvés et 95 personnes secourues au 20 août.

▶ Des combats éclatent au Soudan trois jours après la mobilisation des forces paramilitaires de soutien rapide. Les FSR affirment avoir capturé l'aéroport international et le palais présidentiel de Khartoum.

▶ 15 avril au 1er mai : championnat du monde de snooker à Sheffield (Angleterre).

▶ Le fonctionnement de l'un des cycles de 819 jours du calendrier maya est expliqué à l'aide des périodes synodiques de cinq planètes du système solaire par deux chercheurs de l'université de Cambridge.

▶ Le CEA et le CNRS annoncent la découverte d'un nouveau type de virus planctonique Mirusvirus.

▶ Au moins 90 personnes sont tuées et 322 autres sont blessées dans un écrasement de foule à Sanaa au Yémen.

▶ Éclipse solaire hybride.

▶ Au Burkina Faso, 150 à 200 civils sont massacrés à Karma par des militaires des Forces armées du Burkina Faso.

▶ Une cinquantaine de corps des membres de l'Église internationale de Bonne Nouvelle sont exhumés d'une forêt au Kenya après un suicide collectif, le bilan provisoire au 17 mai est de 226 morts.

▶ Début de l'Opération Wuambushu à Mayotte.

▶ Une attaque contre une base militaire burkinabée dans la région Est du Burkina Faso par des djihadistes tue 33 soldats burkinabés. Au cours de l'attaque, les soldats ont affirmé avoir tué 40 des djihadistes avant l'arrivée des renforts gouvernementaux.

[Mai 2023]

▶ 7 avril au 1er mai : championnat du monde d'échecs.

▶ 15 avril au 1er mai : championnat du monde de snooker à Sheffield en Angleterre.

▶ Le cyclone Mocha frappe la Birmanie et le Bangladesh, tuant plus de 400 personnes.

▶ En Serbie, une fusillade dans une école de Belgrade fait neuf morts.

▶ La découverte de 34 nouveaux satellites naturels de Saturne est annoncée, faisant de cette planète la première avec plus de 100 satellites identifiés.

- Au moins 60 personnes sont tuées dans des violences entre groupes ethniques au Manipur, en Inde.

- Une nouvelle fusillade en Serbie fait 8 morts et 14 blessés à Velika Ivanča.

- Au moins une personne est tuée et douze autres sont blessées dans un tremblement de terre de magnitude 6,2 dans la préfecture d'Ishikawa au Japon.

- L'OMS lève l'état d'urgence sanitaire mondial de la pandémie de Covid-19 qui a coûté la vie à plus de 7 millions de personnes dans le monde.

- Couronnement de Charles III et de Camilla Parker Bowles au Royaume-Uni.

- 106e édition du Tour d'Italie.

- Championnats du monde de judo.

- En Tunisie, une fusillade à Djerba fait six morts.

- 33 villageois sont assassinés dans le département de Tchériba, dans le cadre de l'insurrection djihadiste au Burkina Faso.

- Championnat du monde de hockey sur glace.

- Au Pakistan, une prise d'otages dans une base de Muslim Bagh dans le district de Killa Saifullah, dans le cadre des guerres baloutches, cause la mort des six assaillants, de six membres des forces de sécurité de l'État et d'un civil.

- Finale du Concours Eurovision de la chanson à Liverpool au Royaume-Uni.

- La Moldavie annonce le début de sa procédure de retrait de la Communauté des États indépendants ; le Kenya et la Somalie annoncent un accord pour rouvrir leur frontière terrestre au 1er juillet, officiellement fermée depuis 2011 en raison de l'insurrection des islamistes radicaux shebab.

- 76e édition du Festival du Film de Cannes, en France.

- Sommet du G7 à Hiroshima au Japon.

- Du 20 mai au 11 juin : coupe du monde de football des moins de 20 ans en Argentine.

- Championnats du monde de tennis de table en Afrique du Sud.

- La Papouasie-Nouvelle-Guinée et les États-Unis signent un pacte de sécurité qui verra des troupes américaines stationnées dans le pays.

- La Russie et la Biélorussie signent à Minsk un accord autorisant le stationnement d'armes nucléaires tactiques russes sur le territoire biélorusse.

- 28 mai au 11 juin : Internationaux de France de tennis à Paris.

- 30 mai au 3 juin : 8e édition de la Coupe du monde de basket-ball 3×3.

[Juin 2023]

- Deuxième sommet de la Communauté politique européenne en Moldavie ; la Corée du Sud abolit le système traditionnel d'âge Hanguk-nai et passe au système international ; au Sénégal, neuf personnes sont tuées lors de manifestations à Dakar et à Ziguinchor, entre la police et les partisans du chef de l'opposition condamné Ousmane Sonko.

- En Inde, l'accident ferroviaire d'Odisha fait au moins 275 morts.

- Trois soldats israéliens et un policier égyptien sont tués dans un échange de tirs près de la frontière égypto-israélienne, c'est le premier incident mortel entre les deux pays depuis plus d'une décennie.

- Des inondations en Haïti font au moins 42 morts et 11 personnes disparues.

- Début des manifestations en Pologne.

- Destruction du barrage de Kakhovka en Ukraine. Après deux ans de crise politique en Bulgarie, un gouvernement de technocrates est formé avec le soutien des deux principaux partis du pays.

- Six civils et trois soldats sont tués et dix autres sont blessés par al-Shabaab dans un hôtel de Mogadiscio (Somalie), les sept assaillants sont également tués.

- En Grèce, 78 corps sont retrouvés après le naufrage d'un bateau de migrants qui transportait entre 450 et 700 personnes.

- 39e édition du championnat d'Europe féminin de basket-ball.

- Au Canada, 16 personnes meurent après qu'un autobus est entré en collision avec un camion semi-remorque le long de la route transcanadienne près de Carberry, au Manitoba.

► Au moins 41 personnes sont tuées dans le massacre de l'école de Mpondwe en Ouganda.

► Votations fédérales en Suisse ; référendum constitutionnel au Mali ; dans l'Atlantique Nord, cinq personnes meurent dans l'accident du submersible *Titan*.

► Au Honduras, une émeute dans une prison pour femmes fait 46 mortes et plusieurs blessés.

► En Chine, une explosion dans un restaurant de Yinchuan a tué 31 personnes.

► Le groupe Wagner entre en rébellion contre le gouvernement russe, puis renonce.

► 27e édition de la Gold Cup aux États-Unis et au Canada.

► La mort de Nahel Merzouk lors d'un contrôle routier provoque des émeutes en France ; l'Assemblée nationale de la Republika Srpska vote la suspension de toutes les décisions de la Cour constitutionnelle de Bosnie-Herzégovine, une décision qualifiée de « sécession légale » et de violation des accords de Dayton de 1995.

► Un accident de la route fait au moins 48 morts et 30 blessés sur la route reliant Kericho et Nakuru au Kenya.

[Juillet 2023]

► Du 27 juin au 5 juillet : émeutes consécutives à la mort de Nahel Merzouk en France.

► 110e édition du Tour de France.

► L'Espagne prend la présidence du Conseil de l'Union européenne pour six mois.

► Tournoi de Wimbledon en Angleterre.

► Référendum constitutionnel aux États fédérés de Micronésie. l'Égypte et la Turquie échangent des ambassadeurs dans le cadre d'un rétablissement des relations diplomatiques.

► Arianespace lance pour la dernière fois son lanceur Ariane 5 depuis le Centre spatial guyanais de Kourou, en Guyane, transportant des satellites militaires français et allemands.

► Les dernières munitions chimiques des forces armées des États-Unis sont détruites au dépôt chimique de Pueblo. Il s'agit officiellement des dernières stocks des États parties de la Convention sur l'interdiction des armes chimiques ; en Italie, 6 personnes sont tuées et 81 autres sont blessées dans un incendie dans une maison de retraite à Milan en Lombardie.

▶ Sommet de l'OTAN à Vilnius en Lituanie.

▶ La Cour internationale de justice rejette la demande du Nicaragua d'étendre son territoire maritime au-delà de 200 milles marins, confirmant l'attribution de sept îles des Caraïbes à la Colombie dans une décision de 2012.

▶ 20e édition des championnats du monde de natation à Fukuoka (Japon).

▶ Attaque du pont de Crimée entre la Crimée et la Russie.

▶ La Russie mène des frappes sur les infrastructures d'exportation des produits agricoles ukrainiens qui blessent 12 personnes et causent la destruction de 60 000 tonnes de céréales.

▶ En Nouvelle-Zélande, trois personnes sont tuées dans une fusillade sur un chantier de construction à Auckland.

▶ 20 juillet au 20 août : 9e édition de la Coupe du monde féminine de football en Australie et en Nouvelle-Zélande.

▶ En Grèce, sur l'île de Rhodes, environ 30 000 personnes sont évacuées à cause d'un incendie.

▶ 2e édition du Tour de France Femmes.

▶ Incendie du roulier MV *Fremantle Highway*.

▶ Coup d'État au Niger.

▶ Le Burundi et la Russie signent un mémorandum de coopération sur le partage de la technologie nucléaire à des fins pacifiques lors du Forum économique et humanitaire Russie-Afrique.

▶ 28 juillet au 6 août : 9e édition des Jeux de la Francophonie à Kinshasa en République démocratique du Congo.

▶ Attentat à la bombe à Khar au Pakistan, le bilan est d'au moins 56 morts et 200 blessés ; référendum constitutionnel en République centrafricaine, la nouvelle Constitution est approuvée à plus de 95 %.

[Août 2023]

▶ 20 juillet au 20 août : coupe du monde féminine de football 2023 en Australie et en Nouvelle-Zélande.

▶ 28 juillet au 6 août : 9e édition des Jeux de la Francophonie à Kinshasa en République démocratique du Congo.

▶ 1er au 6 août : Journées mondiales de la jeunesse à Lisbonne (Portugal).

▶ 1er au 12 août : championnats du monde d'escalade.

▶ Le Jour du dépassement est atteint pour l'année 2023.

▶ 3 au 13 août : 1re édition des championnats du monde de cyclisme UCI.

▶ L'Éthiopie déclare l'état d'urgence après des affrontements entre l'armée et des combattants locaux dans la région Amhara, dans le nord du pays.

▶ 5 au 13 août : championnats du monde de cyclisme sur route 2023 à Glasgow, en Écosse.

▶ Au Pakistan, une trentaine de personnes sont tuées et près d'une centaine d'autres blessées dans le déraillement de 10 wagons du Hazara Express près de Nawabshah.

▶ Réunis en sommet à Belém au Brésil, les huit pays de l'Organisation du traité de coopération amazonienne annoncent la création de l'Alliance amazonienne de combat contre la déforestation.

▶ Aux États-Unis, des feux de forêt font au moins 115 morts à Lahaina sur l'île de Maui dans l'archipel d'Hawaï.

▶ En Syrie, un convoi de l'armée syrienne tombe dans une embuscade de Daech à Mu'ayzila ; 33 soldats sont tués, 10 autres blessés et des dizaines d'autres portés disparus.

▶ La sonde russe Luna 25 est lancée à destination de la Lune.

▶ En Russie, 35 personnes sont tuées et 119 autres blessées dans l'explosion d'une station-service à Makhatchkala.

▶ 15 août au 3 septembre : 33e championnat d'Europe féminin de volley-ball.

▶ 17 militaires nigériens sont tués et 20 autres sont blessés dans une embuscade contre un véhicule militaire à Koutougou, région de Tillabériau Niger.

▶ Les États-Unis, le Japon et la Corée du Sud s'accordent pour mettre en place un programme d'exercices militaires conjoints sur plusieurs années et intensifier le partage de renseignements.

▶ 19 au 27 août : championnats du monde d'athlétisme 2023 à Budapest, en Hongrie.

▶ La sonde indienne Chandrayaan se pose avec succès sur la Lune ; accident de l'avion d'Evgueni Prigojine et de Dmitri Outkine en Russie.

▶ La Turquie ne reconnaît pas l'annexion de la Crimée.

▶ Coup d'État militaire au Gabon contre le président Ali Bongo.

▶ En Afrique du Sud, un incendie survient à Johannesbourg et tue au moins 73 personnes et en blesse 52 autres.

[Septembre 2023]

▶ 15 août au 3 septembre : 33e championnat d'Europe féminin de volley-ball.

▶ 25 août au 10 septembre : coupe du monde masculine de basket-ball en Indonésie, au Japon et aux Philippines.

▶ 26 août au 17 septembre : 78e édition du Tour d'Espagne.

▶ 28 août au 10 septembre : 139e édition de l'US Open de tennis.

▶ 28 août au 16 septembre : 33e championnat d'Europe masculin de volley-ball.

▶ 30 août au 9 septembre : 80e édition de la Mostra de Venise.

▶ À Singapour, l'ancien vice-Premier ministre, Tharman Shanmugaratnam, est élu président de la république ; en Syrie, 16 à 18 soldats de l'armée régulière sont tués lors de l'embuscade d'al-Sarraf dans le gouvernorat de Lattaquié.

▶ 3 au 10 septembre : 51e édition des championnats du monde d'aviron.

▶ 4-11 septembre : la tempête *Daniel* fait au moins 11 000 morts et 6 000 disparus, la Libye est le pays le plus touché, la quasi-totalité des morts et disparus tous pays confondus provenant de la seule ville libyenne de Derna, dévastée par la rupture de deux barrages en amont.

▶ Au Burkina Faso, 53 personnes sont tuées lors d'une attaque de djihadistes dans la région du Nord.

▶ En Ukraine, 15 personnes sont tuées et 36 autres blessées lors d'une frappe de missile russe sur un marché à Kostiantynivka, dans l'oblast de Donetsk.

▶ Au Maroc, un séisme meurtrier dans la région de Marrakech-Safi fait 2 946 morts et 5 674 blessés.

▶ 8 septembre au 28 octobre : 10e édition de la Coupe du monde de rugby à XV en France.

▶ 9 et 10 septembre : 18e sommet du G20 à New Delhi en Inde.

▶ Incendie d'un immeuble d'habitation à Hanoï au Viêt Nam, fait au moins 56 morts et 54 blessés ; récupération du *Le Jardin du presbytère de Nuenen au printemps* par le détective néerlandais Arthur Brand, tableau de Vincent van Gogh qui avait été volé en mars 2020.

▶ Le Niger, le Mali et le Burkina Faso signent un pacte à trois États nommé Alliance des États du Sahel, s'engageant à prendre la défense de chacun d'entre eux en cas de « rébellion ou d'agression extérieure ».

▶ 16 au 24 septembre : 72e édition des championnats du monde de lutte.

▶ Le service météorologique australien annonce la formation de *El Niño*.

▶ 19 et 20 septembre : conflit du Haut-Karabagh entre l'Arménie et l'Azerbaïdjan.

▶ Un avion de transport Iliouchine Il-76, donné à l'armée de l'air malienne la semaine précédente, rate son atterrissage à l'aéroport de Gao et s'enflamme en bout de piste. Au 24, alors qu'il n'y a aucun communiqué de la junte au pouvoir au Mali, Michel Yakovleff déclare qu'il a était affrété par le Mali et le groupe Wagner et que les 140 passagers et 7 membres d'équipages sont morts, une autre source indique que plusieurs blessés ont été évacués par un autre avion.

▶ Au Kosovo, l'attaque d'un commando serbe fait quatre morts à Banjska dans le nord du pays, et crée des tensions entre la Serbie et le Kosovo ; la mission spatiale américaine OSIRIS-REX rapporte sur Terre des échantillons de l'astéroïde Bénou.

▶ En Azerbaïdjan, 170 personnes sont tuées et 290 autres blessées par l'explosion du dépôt de carburant de Berkadzor lors de l'exode des Arméniens du Haut-Karabagh ; les États-Unis reconnaissent officiellement comme « États souverains et indépendants » deux territoires du Pacifique, les îles Cook et Niue.

▶ En Irak, une centaine de personnes sont tuées dans l'incendie de la salle Al-Haytham de Bakhdida alors qu'elle était utilisée pour un mariage chrétien.

▶ En Ouzbékistan, une personne est tuée et 163 autres blessées dans l'explosion d'un entrepôt de l'aéroport de Tachkent ; le président de la république d'Artsakh, Samvel Chakhramanian, signe un décret prévoyant la dissolution de toutes les institutions de la république d'Artsakh à partir du 1er janvier 2024 ; aux Pays-Bas, une double fusillade dans une résidence et un centre médical universitaire de Rotterdam fait 3 morts.

▶ Au Pakistan, au moins 60 personnes sont tuées et 60 autres blessées dans un attentat-suicide contre une célébration du Mawlid dans la ville de Mastung au Baloutchistan. Un autre attentat-suicide fait 5 morts dans une mosquée de la même province quelques heures plus tard. En Somalie, au moins 11 personnes sont tuées et 18 autres blessées dans un attentat-suicide contre un salon de thé de Mogadiscio revendiqué par les shebab.

[Octobre 2023]

▶ Une manifestation organisée contre le gouvernement polonais par Coalition civique (alliance de plusieurs partis d'opposition), réunit un million de personnes à Varsovie, en faisant la plus grande manifestation de l'histoire de cette ville, et une des plus grandes de l'histoire récente de la Pologne et de l'Union européenne ; à Ankara, quelques heures avant la rentrée parlementaire turque, un attentat-suicide devant la direction générale du ministère turc de l'Intérieur provoque la mort des deux terroristes et blesse légèrement 2 policiers.

▶ Le prix Nobel de physiologie ou médecine est attribué à Katalin Karikó et Drew Weissman. Le Kirghizistan et le Tadjikistan signent un accord sur la frontière séparant les deux pays.

▶ Le prix Nobel de physique est attribué à Pierre Agostini, Anne L'Huillier et Ferenc Krausz ; Kevin McCarthy, le Président de la Chambre des représentants des États-Unis est destitué, c'est la première fois dans l'Histoire politique des États-Unis que la Chambre destitue son speaker.

▶ Le prix Nobel de chimie est attribué à Moungi G. Bawendi, Louis E. Brus et Alexeï Iekimov.

▶ Le prix Nobel de littérature est attribué à Jon Fosse.

▶ 5 octobre au 19 novembre : 13e édition de la Coupe du monde de cricket en Inde.

- Le prix Nobel de la paix est attribué à Narges Mohammadi.

- 6 au 15 octobre : 14e édition des championnats du monde de beach-volley au Mexique.

- Élections législatives aux Émirats arabes unis le Hamas lance une offensive de grande envergure contre Israël, qui réplique en retour ; deux tremblements de terre font plus de 1 000 morts à Hérat, en Afghanistan ; au moins 55 personnes sont tuées par une frappe russe à Hroza, dans l'est de l'Ukraine.

- Le prix de la Banque de Suède en sciences économiques en mémoire d'Alfred Nobel est attribué à Claudia Goldin.

- Attaque au couteau dans un lycée à Arras (France) ; la mission Psyché de la NASA est lancée pour explorer l'astéroïde riche en métaux 16 Psyché.

- Référendum constitutionnel en Australie, l'amendement est rejeté par une large majorité des électeurs ; élections législatives en Nouvelle-Zélande, le Parti national est largement en tête devant le Parti travailliste ; éclipse solaire annulaire.

- Fusillade à Bruxelles en Belgique.

- En Russie, les députés révoquent la ratification du traité d'interdiction complète des essais nucléaires.

- Les États-Unis opposent leur veto à une résolution du Conseil de sécurité des Nations unies (CSNU) qui appelle à une pause humanitaire à Gaza. Douze pays votent en faveur de la résolution, tandis que la Russie et la Grande-Bretagne s'abstiennent.

- Le Parlement européen décerne le prix Sakharov à Mahsa Amini et au mouvement des femmes en Iran.

- La Colombie annonce la création d'une ambassade auprès de l'État de Palestine à Ramallah, en Cisjordanie.

- Grève des femmes en Islande.

- 24 au 29 octobre : 26e édition des championnats du monde de karaté en Hongrie.

- L'ouragan Otis de catégorie 5 cause au moins 39 morts et des dégâts majeurs à Acapulco au Mexique. Aux États-Unis : fusillades à Lewiston dans le Maine ; le républicain Mike Johnson est élu speaker de la Chambre des représentants des États-Unis.

▶ L'Assemblée générale des Nations unies adopte une résolution sur « la protection des civils et le respect des obligations juridiques et humanitaires » dans la crise dans la bande de Gaza.

▶ Au Kazakhstan, une explosion dans la mine de Kostenko, proche de Karaganda, cause au moins 45 morts confirmés et 1 disparu présumé mort, ce qui en fait le pire accident minier au Kazakhstan depuis son indépendance ; le président du Kazakhstan Kassym-Jomart Tokaïev met fin à la coopération de son gouvernement avec le groupe ArcelorMittal, dont la mine de Kostenko faisait partie, dénonçant le caractère systémique des accidents dans les mines kazakhes de ce groupe ; en Égypte, un immense carambolage et l'incendie qu'il provoque sur l'axe reliant Le Caire à Alexandrie cause au moins 35 morts et 53 blessés.

▶ Centrafrique, Gabon, Niger et Ouganda sont exclus de l'African Growth and Opportunity Act par le gouvernement des États-Unis pour atteinte au pluralisme et aux droits de l'homme.

34/38, rue Camille-Pelletan – 92309 Levallois-Perret Cedex
Imprimerie Evoluprint - 31150 Bruguières
Imprimé en France – 4e trimestre 2023

Service éditorial : Benjamin Dias Pereira, Deborah Lopez
Conception graphique : Dominique Papon

Dépôt légal à parution
ISBN 978-2-7590-5338-4